宇沢弘文著

社会的共通資本

岩波新書

696

JN263243

はしがき

二十世紀は資本主義と社会主義の世紀であるといわれている。資本主義と社会主義という二つの経済体制の対立、相克が、世界の平和をおびやかし、数多くの悲惨な結果を生み出してきた。この二十世紀の世紀末は、十九世紀の世紀末と比較されるような混乱と混迷のさなかにある。この混乱と混迷を超えて、新しい二十一世紀への展望を開こうとするとき、もっとも中心的な役割を果たすのが、制度主義の考え方である。

制度主義は、資本主義と社会主義を超えて、すべての人々の人間的尊厳が守られ、魂の自立が保たれ、市民的権利が最大限に享受できるような経済体制を実現しようとするものである。制度主義の考え方はもともと、ソースティン・ヴェブレンが、十九世紀の終わりに唱えたものであるが、百年以上も経った現在にそのまま適用される。社会的共通資本は、この制度主義の考え方を具体的なかたちで表現したもので、二十一世紀を象徴するものであるといってもよい。

社会的共通資本は、一つの国ないし特定の地域に住むすべての人々が、ゆたかな経済生活を営み、すぐれた文化を展開し、人間的に魅力ある社会を持続的、安定的に維持することを可能にするような社会的装置を意味する。

社会的共通資本は自然環境、社会的インフラストラクチャー、制度資本の三つの大きな範疇にわけて考えることができる。大気、森林、河川、水、土壌などの自然環境、道路、交通機関、上下水道、電力・ガスなどの社会的インフラストラクチャー、そして教育、医療、司法、金融制度などの制度資本が社会的共通資本の重要な構成要素である。都市や農村も、さまざまな社会的共通資本からつくられているということもできる。

社会的共通資本が具体的にどのような構成要素からなり、どのようにして管理、運営されているか、また、どのような基準によって、社会的共通資本自体が利用されたり、あるいはそのサービスが分配されているかによって、一つの国ないし特定の地域の社会的、経済的構造が特徴づけられる。

本書では、まず社会的共通資本の考え方とその役割を説明する。そして、社会的共通資本の考え方が、経済学の歴史のなかで、どのように位置づけられてきたかを考える。さらに、社会的共通資本の重要な構成要素である自然環境、農村、都市、教育、医療、金融といった、個別的な事例を取り上げて、それぞれの果たしてきた社会的、経済的な役割を考えるとともに、社会的共通資本の目的がうまく達成でき、持続的な経済発展が可能になるためには、どのような制度的前提条件がみたされなければならないかを考えたい。

本書が、日本が現在置かれている世紀末的混乱と閉塞とを乗り超えて、新しい世紀への展望を開くために、何らかの役に立つことができれば、著者にとって、望外のよろこびとするところである。

二〇〇〇年八月

宇沢弘文

目　次

序章　ゆたかな社会とは

ゆたかな社会とは何か

ゆたかな社会とは、すべての人々が、その先天的、後天的資質と能力とを充分に生かし、それぞれのもっている夢とアスピレーションが最大限に実現できるような仕事にたずさわり、その私的、社会的貢献に相応しい所得を得て、幸福で、安定的な家庭を営み、できるだけ多様な社会的接触をもち、文化的水準の高い一生をおくることができるような社会である。このような社会は、つぎの基本的諸条件をみたしていなければならない。

(1) 美しい、ゆたかな自然環境が安定的、持続的に維持されている。

(2) 快適で、清潔な生活を営むことができるような住居と生活的、文化的環境が用意されている。

(3) すべての子どもたちが、それぞれのもっている多様な資質と能力をできるだけ伸ばし、発展させ、調和のとれた社会的人間として成長しうる学校教育制度が用意されている。

(4)　疾病、傷害にさいして、そのときどきにおける最高水準の医療サービスを受けることができる。

(5)　さまざまな希少資源が、以上の目的を達成するためにもっとも効率的、かつ衡平に配分されるような経済的、社会的制度が整備されている。

ゆたかな社会は、くり返しながら、一言でいってしまえば、各人が、その多様な夢とアスピレーションに相応しい職業につき、それぞれの私的、社会的貢献に相応しい所得を得て、幸福で、安定的な家庭を営み、安らかで、文化的水準の高い一生をおくることができるような社会を意味する。それはまた、すべての人々の人間的尊厳と魂の自立が守られ、市民の基本的権利が最大限に確保できるという、本来的な意味でのリベラリズムの理想が実現される社会である。

このような意味でゆたかな社会を実現するための経済体制は、どのような特質をもっているか。また、どのようにすれば具現化できるであろうか。この課題に対する回答として、社会的共通資本を中心とした制度主義の考え方によって理想的な経済体制を特徴づけることができるといってもよい。

社会的共通資本の考え方

はしがきに述べたように、社会的共通資本は、一つの国ないし特定の地域に住むすべての人々が、ゆたかな経済生活を営み、すぐれた文化を展開し、人間的に魅力ある社会を持続的、安定的に維持することを可能にするような社会的装置を意味する。社会的共通資本は、一人一人の人間的尊厳を守り、魂の自立を支え、市民の基本的権利を最大限に維持するために、不可欠な役割を果たすものである。社会的共通資本は、たとえ私有ないしは私的管理が認められているような希少資源から構成されていたとしても、社会全体にとって共通の財産として、社会的な基準にしたがって管理・運営される。社会的共通資本はこのように、純粋な意味における私的な資本ないしは希少資源と対置されるが、その具体的な構成は先験的あるいは論理的基準にしたがって決められるものではなく、あくまでも、それぞれの国ないし地域の自然的、歴史的、文化的、社会的、経済的、技術的諸要因に依存して、政治的なプロセスを経て決められるものである。

社会的共通資本はいいかえれば、分権的市場経済制度が円滑に機能し、実質的所得分配が安定的となるような制度的諸条件であるといってもよい。それは、アメリカの生んだ偉大な経済学者ソースティン・ヴェブレンが唱えた制度主義の考え方を具体的な形に表現したものである。

ヴェブレンの制度主義の思想的根拠は、これもまたアメリカの生んだ偉大な哲学者ジョン・デューイのリベラリズムの思想にある。したがって、社会的共通資本は決して国家の統治機構の一部として官僚的に管理されたり、また利潤追求の対象として市場的な条件によって左右されてはならない。社会的共通資本の各部門は、職業的専門家によって、専門的知見にもとづき、職業的規範にしたがって管理・維持されなければならない。

社会的共通資本は自然環境、社会的インフラストラクチャー、制度資本の三つの大きな範疇にわけて考えることができる。自然環境は、大気、水、森林、河川、湖沼、海洋、沿岸湿地帯、土壌などである。社会的インフラストラクチャーは、道路、交通機関、上下水道、電力・ガスなど、ふつう社会資本とよばれているものである。なお、社会資本というとき、その土木工学的側面が強調されすぎるので、ここではあえて、社会的インフラストラクチャーということにしたい。制度資本は、教育、医療、金融、司法、行政などの制度をひろい意味での資本と考えようとするものである。

もっとも、この分類は必ずしも、網羅的ではなく、また排他的でもない。社会的共通資本は何かということを、分かりやすく説明したものにすぎない。自然環境、社会的インフラストラクチャーについては説明の必要はないであろうが、制度資本の考え方は、必ずしも一般的ではないと思う。以下の章でくわしく説明するように、制度資本は、社会的共通資本の機能、役割を考えるとき、重要な意味をもつ。そのなかで、とくに大切なのは教育と医療である。

教育は、一人一人の子どもたちがそれぞれもっている先天的・後天的能力、資質をできるだけ育て、伸ばし、個性ゆたかな一人の人間として成長することを助けようとするものである。他方、医療は、病気や怪我によって、正常な機能を果たすことができなくなった人々に対して、医学的な知見にもとづいて、診察・治療をおこなうものである。どちらも、一人一人の市民が、人間的尊厳を保ち、市民的自由を最大限に享受できるような社会を安定的に維持するために必要不可欠なものである。人間が人間らしい生活を営むために、重要な役割を果たすもので、決して、市場的基準によって支配されてはならないし、また、官僚的基準によって管理されてはならない。

日本の世紀末

世界はいま、世紀末という表現がそのまま当てはまるような状況におかれている。ふつう世紀末という言葉は十九世紀末を指す。十九世紀末、ヨーロッパを中心として起こった政治的、経済的攪乱が、学問、芸術をはじめとして社会全般に大きな影響をおよぼし、まさに地殻変動といってもよい変化をもたらし、その波紋が第一次世界大戦を惹き起こすことにもなった。二十世紀末の政治的、経済的攪乱もまた、十九世紀末のそれと比肩できるほどの規模と深刻さとをもっているといっても言い過ぎではないであろう。

二十世紀の世紀末的混乱と混迷は、日本の場合とくに深刻で、広範な範囲におよび、その社会的、文化的、経済的な変化の規模も大きく、その深刻さは第二次世界大戦後もっとも大きな、まさに世紀末的断層ともいうべき危機的状況を生み出している。日本の世紀末的混乱と混迷を象徴するのは、学校教育の分野である。

陰惨ないじめに象徴される、心身ともに荒《すさ》みきった子どもたち、荒れ果てた教室と多数の子どもたちの不登校、子どもたちを巻き込んだ陰惨な犯罪の頻発をはじめとして、日本の学校教育がいかに異常なものになっているかをあらわす事件が毎日のようにテレビや新聞紙上に報道されている。しかし、これらの事件は病める日本の学校教育の表層的な病理学的症候を示すものにすぎない。日本の学校教育を、その深層に立ち入って眺めるとき、もっと深刻な様相を呈している。いくつもの臓器に転移した末期ガンの患者に似たものがある。非人間的、非倫理的な受験地獄を生み出してきた現行の大学入学試験制度の矛盾が、このような形になってあらわれている。その根元には、学校教育を、社会的共通資本として社会にとってもっとも大切なものと考えないで、市場的基準を無批判に適用して競争原理を導入したり、あるいは、国旗・国歌を法制化し、教育勅語の精神を復活させ、官僚的基準にしたがって学校教育を管理しようとする一部の政治家たちの考え方が、このような悲惨な現状を生み出したといっても過言ではない。日本の学校教育の現場の荒廃は結局、教育制度という私たちにとってもっとも大事な社会的共通資本を、官僚的に管理したり、あるいは反社会的な考え方にもとづいて粗末に取り扱ってきた結果として起こってきたものである。

世界的な視点でみるとき、二十世紀の世紀末を象徴する問題は、地球温暖化、生物種の多様性の喪失などに象徴される地球環境問題である。とくに、地球温暖化は、人類がこれまで直面してきたもっとも深刻な問題であって、二十一世紀を通じていっそう拡大化し、その影響も広範囲にわたり、子どもや孫たちの世代に取り返しのつかない被害を与えることは確実だといってよい。地球温暖化の問題は、大気という人類にとって共通の財産を、産業革命以来、とくに二十世紀を通じて、粗末にして、破壊しつづけてきたことによって起こってきたものである。

人間が人間として生きてゆくためにもっとも大事な存在である大気をはじめとする自然環境という大切な社会的共通資本を、資本主義の国々では、価格のつかない自由財として、自由に利用し、広範にわたって汚染しつづけてきた。また、社会主義の国々でも、独裁的な政治権力のもとで、徹底的に汚染し、破壊しつづけてきたのである。

二十世紀の世紀末的状況は、資本主義の国々と社会主義の国々とを問わず、二十世紀を通じて、さまざまな社会的共通資本の管理・維持を適切におこなってこなかったことにもっぱら起因するといっても過言ではない。二十世紀の世紀末的状況を超えて、新しい世紀の可能性を探ろうとするとき、社会的共通資本の問題が、もっとも大きな課題として、私たちの前に提示される。

本書では、まず、社会的共通資本は何かということからはじめて、社会的共通資本の考え方がどのようにしてつくり出されてきたか、現実の経済社会のなかでどのような機能を果たし、どのような役割を演じているのかについて考える。そして、日本の場合について、自然環境、都市、農村、教育、医療、金融などという中心的な社会的共通資本の分野について、個別的な事例を中心として考える。さらに、地球温暖化と生物種の多様性の喪失などという地球環境にかかわる問題についても、人類全体にとっての社会的共通資本の管理・維持という観点から考えたい。また、断片的であるが、社会的共通資本を理想的なかたちで管理、維持して、持続的な経済発展が可能になるためには、どのような制度的前提条件がみたされなければならないかについても考えたい。

第1章　社会的共通資本の考え方

第1節　社会的共通資本とは何か

二十世紀の世紀末

一九八六年、ソ連共産党書記長であったゴルバチョフによって始められたペレストロイカの流れは、その後、ポーランド、ルーマニア、ハンガリー、チェコスロヴァキアを始めとする東欧社会主義体制の崩壊、そして、東ドイツの西ドイツへの吸収という予期しなかったかたちに発展していった。そして、一九九一年八月、ソ連における保守派によるクーデターの失敗は、ソ連共産党の解体、そしてソヴィエト社会主義共和国連邦自体の崩壊、さらには世界社会主義の全面的崩壊という、世界史的事件にまで高揚していった。他方、ヴェトナム戦争を契機として顕在化しはじめたアメリカ資本主義の内部的矛盾もますます深刻化しつつあり、このことは、一九九二年四月に起こった、アメリカ史上最大規模のロスアンジェルス大暴動にもっとも象徴的に現われている。この、世界の資本主義の内部的矛盾は、一九九〇年代を通じて、いっそう拡大化され、深刻な様相を呈しつつある。

二十世紀が、その最後のディケイドに入ったとき、パックス・ソヴィエトロシアとパックス・アメリカーナという、半世紀以上にわたって政治、経済、文化のあらゆる面で、世界を二分して支配してきた体制がともに崩壊ないしは衰退の過程に入ったことは、私たちにとって無視し得ない意味をもつ。この世紀末的混乱と混迷は、たんなる政治的次元を超えて、私たちの思想的、学問的、そして人間的あり方の根幹にふれるものであって、この問題を避けては、将来の展望をもち得ない。

世紀末へのプレリュード

一九一七年のロシア革命を経て、一九二二年にソヴィエト社会主義共和国連邦が正式に成立したとき、経済学の理論的、思想的考え方が、一つの政治体制として現実に存在しうるようになったことに対して、世界の多くの人々は心から祝福し、その将来に大きな期待をもった。また、第二次世界大戦を契機として、かつての帝国主義的植民地であった国々が独立し、その多くが社会主義を建国の理念として新しい国づくりの作業を始めたとき、私たちは、新しい時代の到来を心からよろこんだのであった。しかし、その後の社会主義諸国の経済的、社会的展開は必ずしもこのような楽天主義に応えるものではなかった。とくに、スターリンによって東欧諸国が社会主義に組み込まれていったプロセスについては、その暴力的、強権的手段に対してつよい批判と反感をもつことになった。さらに進んで、ソ連自体における社会主義建設の過程が、きわめて専制的、暴力的に強行され、はかり知れない数の人民の犠牲をともなっていたことが明らかになるにつれて、社会主義の理念と、その理論の前提に対して、私たちは不信の感をつよめ、そのあり方に対して、きわめて否定的にならざるを得なくなっている。

他方、アメリカ軍がヴェトナムでおこなったジェノサイドに近い行為は、世界の歴史にもその比をみない規模と残虐さとをもっていた。このことは、世界の多くの人々がそれまでもっていたパックス・アメリカーナに対する多少なりとものの信頼をほぼ完全に喪失させ、アメリカ資本主義自体の衰退過程をさらにいっそう進めるものとなった。それはまた、当時支配的であった新古典派経済学、あるいはアメリカン・ケインジアンの理論的根拠が、思想的にも、学問的にもまったく空虚なものであることを明らかにしたのであった。そして、経済学者の間では、資本主義、社会主義という既成の体制概念を超えて、新しい、リベラルな経済体制の理論的枠組みを模索する作業が始まろうとしていた。新しい経済学の可能性について、わずかであったが、その萌芽がみられ、同時に、より人間的、調和的な経済、社会を求めて、革新的な流れが始まるように思われた。

しかし、一九七〇年代の後半から一九八〇年代の終わりにかけてのアメリカを中心とする世界の資本主義の歩みは、この流れとまったく相反するものであった。とくに、レーガン政権のもとで強行されていった数多くの、極端に保守主義的な傾向をもった政策・制度改革は、アメリカ資本主義をますます不安定的なものとし、所得分配の不平等化がいっそう進むという結果を惹き起こした。一九九二年四月のロスアンジェルス暴動はまさに、このレーガン的政策の必然的な帰結でもあった。

レーガン政策の背後には、反ケインズ主義ともいうべき政治思想と経済哲学の考え方が存在していた。それは、サプライサイドの経済学、マネタリズム、合理的期待形成の経済学などというかたちをとって現われ、一九七〇年代の後半から一九八〇年代の前半にかけて、きわめて保守的、反動的色彩のつよい経済学の流行を惹き起こした。一九八〇年代の後半になってレーガン政策がもたらした社会的、経済的打撃の大きさが明らかになるとともに、これらの経済学は影も形もなく消えていった。しかし、それまで支配的であった市場経済哲学の限界を超えて、新しい経済学のパラダイムを構築するのは容易なことではなかった。ジョーン・ロビンソンのいう「経済学の第二の危機」がいぜんとしてつづいていたのである。このとき、私たち経済学者の考え方に大きな影響を与えた文書が出された。それは、ローマ法王、ヨハネ・パウロ二世が出された回勅、「新しいレールム・ノバルム」である。

二つの「レールム・ノバルム」

一八九一年、ときのローマ法王レオ十三世によって出された回勅(Encyclical Letter)は「レールム・ノバルム」(Rerum Novarum)と題され、今日にいたるまで歴史的重要性をもちつづけている。「レールム・ノバルム」は、「新しきこと」、ときとしては「革命」と訳されている。このなかで、レオ十三世は、十九世紀末の、ヨーロッパを中心とした世界が直面していたもっとも深刻な問題を特徴づけて、「資本主義の弊害と社会主義の幻想」(Abuses of Capitalism and Illusions of Socialism)という印象的な言葉で表現された。資本主義のもとで、資本家階級のあくなき利潤追求によって労働者階級の大多数が悲惨な生活を送らざるを得ないという、社会正義に反するような状況が存在するとともに、他方では、多くの人々が、社会主義のもとではこのような悲惨な状況は消滅して、調和と正義が支配するようになるという幻想を抱いているということをつよく警告されたのである。それからちょうど百年経った一九九一年五月十五日、ヨハネ・パウロ二世によって「新しいレールム・ノバルム」が出された。その中心的テーマは、「社会主義の弊害と資本主義の幻想」(Abuses of Socialism and Illusions of Capitalism）という予見的言葉で表現されている。

一九一七年、ロシア革命によって、世界で最初の社会主義国が成立して以来、七十年以上の間に数多くの社会主義体制をとる国々が誕生した。しかし、いずれの社会主義も大きな内部的矛盾を抱いて、はかり知れない規模の人間的犠牲を生み出し、社会的、文化的、自然的破壊がおこなわれてきた。ポーランド、東ドイツを始めとして、これらの国々がつぎつぎに、ソ連の圧政から解放されて、社会主義体制を解体し、ようやく、新しい政治・経済体制を求めて、主体的選択をおこなえるようになってきた。

これらの社会主義諸国はこぞって、市場経済制度を導入して、資本主義体制への道を歩もうとしている。しかし、資本主義諸国もまた、社会主義の国々に比して、優るとも劣らぬような内部的矛盾をもっていることを人々ははっきり認識する必要がある。

資本主義か社会主義か、という問題意識を超えて、人々が理想とする経済体制は何かという問題提起が、ローマ法王によってなされたことに対して、私たち経済学者は、謙虚に、また誠実に対応しなければならない。

「新しいレールム・ノバルム」が出されてから、わずか三カ月、一九九一年八月、いわゆる「八月革命」が起きて、ソ連社会主義自体の崩壊、ソヴィエト社会主義共和国連邦の解体という、世界史的な事件にまで発展していった。

社会主義から資本主義へ

ヨハネ・パウロ二世が「新しいレールム・ノバルム」のなかで関心をもたれたのは、社会主義から資本主義への移行というこれまでの経済学ではまったく考えられなかった問題である。資本主義から社会主義への歴史的移行という古典的なマルクス主義のシナリオに反して、世界がいま直面している問題は、社会主義から資本主義への移行をどのようにしたら円滑におこなうことができるかという、まさに百八十度逆転した問題である。しかし、このような制度的転換によって、はたして安定した、調和のとれた経済体制が実現できるであろうか、というのが、ヨハネ・パウロ二世が私たち経済学者に提起された問題である。この設問に対して多くの人々はきわめて懐疑的回答をせざるを得ない。それは、分権的市場経済制度も、集権的な計画経済と同じように深刻な矛盾を抱えているからである。

中央集権的な計画経済は、いずれも国家権力の肥大化が著しく、しかも、その行使が往々にしてきわめて恣意的なかたちでおこなわれてきた。市民的権利は最低限の生存に限定され、一般の市民に賦与される自由も最低限に抑えられていた。過去七十年にわたる社会主義諸国の経験が明白に示すように、計画経済は、中央集権的な性格をもつものはいうまでもなく、かなり分権的な性格をもつものについても、例外なく失敗した。その原因は、一部分、計画経済の技術的欠陥にあったが、より根元的には、計画経済が個々人の内発的動機と必然的に矛盾するということにあった。一般の市民の生活水準もまた、期待にほど遠いものであって、大多数の人々がもっていた夢とアスピレーションは決してみたされることはなかった。

他方、分権的市場経済のパフォーマンスもまた矛盾にみちたものであった。実質所得と富の分配の不平等化、不公正化の趨勢は、さまざまな平等化政策、とくに累進課税制度がとられたにもかかわらず、止めることはできなかった。市場価格と需要条件の変動はあまりにも大きく、ソースティン・ヴェブレンのいう「生産倫理」(Instinct of Workmanship)を貫くことはきわめて困難となってきた。利潤動機が常に、倫理的、社会的、自然的制約条件を超克して、全体として社会の非倫理化を極端に推し進めていったからである。と同時に、投機的動機が生産的動機を支配して、さまざまな社会的、倫理的規制を無効にしてしまう傾向がつよくみられるようになってきた。

制度主義と社会的共通資本

このような状況のもとで、市民的自由が最大限に保証され、人間的尊厳と職業的倫理が守られ、しかも安定的かつ調和的な経済発展が実現するような理想的な経済制度は存在するであろうか。それは、どのような性格をもち、どのような制度的、経済的特質を備えたものかという問題が、私たちの考察の対象になるわけである。この設問に答えて、ソースティン・ヴェブレンのいう制度主義（Institutionalism）の考え方がもっとも適切にその基本的性格をあらわしている。私たちが求めている経済制度は、一つの普遍的な、統一された原理から論理的に演繹されたものでなく、それぞれの国ないしは地域のもつ倫理的、社会的、文化的、そして自然的な諸条件がお互いに交錯してつくり出されるものだからである。制度主義の経済制度は、経済発展の段階に応じて、また社会意識の変革に対応して常に変化する。生産と労働の関係が倫理的、社会的、文化的条件を規定するというマルクス主義的な思考の枠組みを超えると同時に、倫理的、社会的、文化的、自然的諸条件から独立したものとして最適な経済制度を求めようとする新古典派経済学の立場を否定するものである。かつて、アダム・スミスは『国富論』のなかで、論理的整合性のみを基準として想定された経済制度の改革は必然的に、きわめて多様な人間の基本的傾向に矛盾することになることをくり返し強調した。アダム・スミスは、民主主義的なプロセスをつうじて、経済的、政治的条件が展開されるなかから最適な経済制度が生み出されることを主張した。私たちが、制度主義という経済制度を考察しようとするのは、まさにこのアダム・スミス的な意味においてである。

制度主義の経済制度を特徴づけるのは、社会的共通資本(Social Overhead Capital)と、さまざまな社会的共通資本を管理する社会的組織のあり方とである。

制度主義の基本的性格を明らかにするために、ここでは一般的な場合について述べることにする。個別的な場合については、以下の各章で、くわしく論ずることにしたい。

制度主義のもとでは、生産、流通、消費の過程で制約的となるような希少資源は、社会的共通資本と私的資本との二つに分類される。社会的共通資本は私的資本と異なって、個々の経済主体によって私的な観点から管理、運営されるものではなく、社会全体にとって共通の資産として、社会的に管理、運営されるようなものを一般的に総称する。社会的共通資本の所有形態はたとえ、私有ないしは私的管理が認められていたとしても、社会全体にとって共通の財産として、社会的な基準にしたがって管理、運営されるものである。

ある特定の希少資源を社会的共通資本として分類して、そこから生み出されるサービスを市場的基準にもとづくのではなく、社会的基準にしたがって分配するというとき、それは、どのような考え方にもとづくのであろうか。この基準は、たんなる経済的、技術的条件にもとづくのではなく、すぐれて社会的、文化的な性格をもつ。社会的共通資本から生み出されるサービスが市民の基本的権利の充足という点でどのような役割、機能を果たしているかに依存して決められるものである。

社会的共通資本は、土地、大気、土壌、水、森林、河川、海洋などの自然環境だけでなく、道路、上下水道、公共的な交通機関、電力、通信施設などの社会的インフラストラクチャー、教育、医療、金融、司法、行政などのいわゆる制度資本をも含む。

社会的共通資本は全体としてみるとき、広い意味での環境を意味する。社会的共通資本のネットワークのなかで、各経済主体が自由に行動し、生産を営むことになるわけである。市場経済制度のパフォーマンスも、どのような社会的共通資本の編成のもとで機能しているかということによって影響を受ける。

社会的共通資本の管理、運営

社会的共通資本の管理について、一つ重要な点にふれておく必要がある。社会的共通資本は、それぞれの分野における職業的専門家によって、専門的知見にもとづき、職業的規律にしたがって管理、運営されるものであるということである。社会的共通資本の管理、運営は決して、政府によって規定された基準ないしはルール、あるいは市場的基準にしたがっておこなわれるものではない。この原則は、社会的共通資本の問題を考えるとき、基本的重要性をもつ。社会的共通資本の管理、運営は、フィデュシアリー（fiduciary）の原則にもとづいて、信託されているからである。

社会的共通資本は、そこから生み出されるサービスが市民の基本的権利の充足にさいして、重要な役割を果たすものであって、社会にとってきわめて「大切な」ものである。このように「大切な」資産を預かって、その管理を委ねられるとき、それは、たんなる委託行為を超えて、フィデュシアリーな性格をもつ。社会的共通資本の管理を委ねられた機構は、あくまでも独立で、自立的な立場に立って、専門的知見にもとづき、職業的規律にしたがって行動し、市民に対して直接的に管理責任を負うものでなければならない。

政府の経済的機能は、さまざまな種類の社会的共通資本の管理、運営がフィデュシアリーの原則に忠実におこなわれているかどうかを監理し、それらの間の財政的バランスを保つことができるようにするものである。制度主義経済体制における政府の経済的機能は、統治機構としての国家のそれではなく、すべての国民が、その所得、居住地などの如何にかかわらず、市民の基本的権利を充足することができるようになっているかどうかを監視するものでなければならない。

さまざまな社会的共通資本の組織運営に年々、どれだけの資源が経常的に投下されるかということによって政府の経常支出の大きさが決まってくる。他方、社会的共通資本の建設に対して、どれだけの希少資源の投下がなされたかということによって、政府の固定資本形成の大きさが決まる。このような意味で、社会的共通資本の性格、その建設、運営、維持は、広い意味での政府、公共部門の果たしている機能を経済学的にとらえたものであるといってよい。

第2節　市民的権利と経済学の考え方

資本主義と市場経済

資本主義の制度的特徴はいうまでもなく、資源配分と所得分配とが市場機構を通じておこなわれることである。すべての財・サービスの生産および消費が私的利益の追求を目的としておこなわれ、市場を通じて交換されるというのが市場機構の意味するところである。したがって、資本主義がどのように機能し、どのような問題点を内蔵しているかは、市場経済制度の働きと密接な関連をもつ。

純粋な意味における市場経済について、その制度的前提として一つあげなければならないのは、生産、消費の過程で必要となってくる希少資源がすべて原則として私有されていて、その交換が市場を通じておこなわれることである。土地、建物、工場、機械設備、さらには労働などという生産要素をはじめとして、住宅、耐久消費財などの多くもまた私有制が貫かれている。さらに生産要素を使ってつくり出される財・サービスも私有されて、個々の経済主体に分属される。そして、それぞれ所有者ないしは管理者の私的な利益追求の対象となっていることが、市場経済の制度的前提である。

各生産主体は、自らの利潤がもっとも大きくなるような生産計画をえらび、それに応じて生産要素を雇用あるいは購入し、生産物を市場に供給する。各消費主体は、自らの効用がもっとも高くなるように、財・サービスの購入計画をたて、自ら所有する生産要素ないしは希少資源の供給をはかる。市場経済を構成するさまざまな経済主体の間の相反する行動は、市場における交換の過程を通じて調整される。市場均衡のもとでは、すべての経済主体が自らもっとも望ましいと思う行動を選択し、すべての生産要素、財・サービスにかんして、需要と供給とが完全に一致する状態が実現する。市場均衡は、各経済主体の合理的行動と、市場における価格機構のメカニズムを通じて実現されるものであって、政府または第三者による強制によっておこなわれるものではないということが、市場経済制度のもっとも重要な特徴である。

市場経済制度のもとでは、所得分配もまた市場的メカニズムによって決定される。各経済主体が受け取る経済的報酬の大きさは、それぞれが所有している希少資源、生産要素が市場でどのような評価を受けるかによって決まる。各経済主体の所有している生産手段の希少性が高く、したがって市場価格が高いときには、その所得は大きなものになる。逆に、市場での評価があまり高くないような生産要素しか所有していない経済主体の所得は小さなものとなる。極端な場合、市場価格がゼロとなってしまう場合、その所得はなくなってしまう。失業という状況は、労働者のもっている労働に対する市場価格がゼロとなってしまう場合である。そのような状況におかれた労働者の所得がゼロとなるのは、市場経済制度のもとではむしろ正常な状態である。所得がきわめて低く、生存すら保障されないような労働者に対して、なんらかのかたちで所得保障をおこなおうとすると、市場機構にもとづく資源配分の効率性を損なうことになってしまって、望ましくないというのが、新古典派理論の主張するところでもある。

このようにして、生産手段の私有制を前提とする市場経済制度のもとでは、効率的な資源配分を実現することが可能になっても、所得分配にかんする公正性を期待することはできない。

とくに、私有財産の相続を前提とする資本主義制度のもとでは、市場機構にもとづく資源配分のもたらす分配の不公正ないしは不平等は、たんに現代の世代だけでなく、将来の世代にわたる所得分配を考えると、拡大される傾向をもつ。一般に所得水準が高いほど、生存および生活のために必要となってくる消費支出の占める割合は低くなって、つぎの世代により多くのものを残すことができ、その所得はさらに高くなるからである。

市場経済制度のもとにおける所得分配が不公正ないし不平等なものであり、それはまた世代間を通じて加速化される傾向をもつということはもちろん、はやくから指摘されてきた。とくに、十九世紀後半から二十世紀の初めにかけて、世界の多くの資本主義諸国で、このことは大きな社会的、政治的な問題となって、累進所得税、相続税などの制度が導入されて、所得分配の不平等化を防ぐという措置がとられてきた。しかし、資本主義制度に内在する所得分配の不公正、不平等は、このような所得の再分配政策を通じて解決しえないものであるということが次第に明らかになっていった。

経済学の考え方と市民的権利

上に述べたように、新古典派の経済理論は、市場経済制度のもとにおける資源配分のメカニズムを理論的に分析しようとする。新古典派理論は、一八七〇年代にジェヴォンズ、メンガー、ワルラスなどによって形成された、いわゆる限界革命を契機にしてつくり出されたが、資源配分の効率性にのみ焦点を当てて、所得分配の公正性という側面はほとんど無視してきた。これは、新古典派理論の背後に、市場経済制度が社会的に望ましいという考え方が存在していたからだといってもよい。

新古典派理論の基礎には、市民革命を経て徐々に形成されてきた市民的自由にかんする政治思想があって、それが、新古典派理論の基本的性格を規定している。すなわち、居住・職業選択の自由、思想・信仰の自由などという市民的自由をもっとも効率的に実現できる経済制度こそ市場経済制度であるという考え方が、その背後に存在している。市場における取り引きが、政府または第三者によって強制されるものではなく、各人がそれぞれの自らの自由な意思にもとづいて選択した結果なされるものであり、しかも、社会全体としてみたときに、効率的な資源配分が実現しているという点に市場経済制度のメリットが存在する、と新古典派は考えたのである。そのとき、分配の不公正という側面にまったくふれようとしなかった。そして、政府の役割は、私有制を維持し、公正で完全競争的な市場制度を運営するという点に焦点がおかれていた。

新古典派理論の虚構

新古典派理論はこのために、純粋な意味における市場経済制度という虚構を構築して、その枠組みのなかで、理論的、倫理的演繹を試みたのである。この純粋な意味における市場経済制度は、三つの理論的前提をもっている。第一は希少資源の私有制である。この前提条件についてはさきにくわしくふれたが、新古典派理論にとってもっとも重要な意味をもつ。この前提条件を否定するときには、新古典派理論自体の整合性を失ってしまう。

新古典派理論にかんする第二の前提条件は、すべての生産要素がマリアブル（malleable：可塑的）ないしは非摩擦的であるという仮定である。すなわち、生産手段の使い方にかんして、いつでも自由になんの費用もかけずに瞬時的に、一つの用途から他の用途に変えることができるという前提条件がおかれている。たとえば、ある一つの産業で用いられた資本設備を、価格、需要などの市場条件の変化やその他の事情によって、他の産業に向けて、その用途を変更することが可能であって、そのためになんら費用も時間もかけないですむという条件である。

マリアビリティ（malleability）の条件はとくに、貿易自由化命題などという重要な政策的インプリケーションをもつ新古典派的命題が成立するために不可欠なものである。

市民の基本的権利と経済学

新古典派理論の第三の前提条件は、所得分配の公正性にかんして、暗黙裡に想定されているものである。さきに述べたように、新古典派理論は、資源配分の効率性のみを問題として、所得分配の公正性については問わないという性格をもつ。このように、効率性のみを基準として、資源配分のメカニズムを考慮しようとすること自体、一つの価値判断にもとづく。所得分配の不平等ないし不公正が現実に大きな社会的問題になっているにもかかわらず、その点を看過してしまうということは、もともと経済学が指向した社会的問題意識をはなれてしまうものであることを改めて強調しておきたい。

新古典派理論は、このような理論前提のもとで、純粋な意味における市場経済制度という虚構を想定して、資本主義制度のもとにおける資源配分と所得分配のメカニズムを理論化しようとしたのである。しかし、十九世紀の終わり頃から二十世紀にかけて、多くの資本主義諸国で、経済的不況がほぼ同時的に発生し、それにともなって失業と貧困が社会的に深刻化していった。そして現実は、新古典派理論が想定しているような理想的状態から大きく乖離するものであるということが明らかになっていったのである。

他方、市民の基本的権利という観点からも、居住・職業選択の自由、思想・信仰の自由という市民的自由の享受という自由権の思想からさらに進んで、生存権の考え方が支配的な政治思想になっていった。各市民はそれぞれ、たんなる市民的自由を享受する権利を生まれながらにしてもつだけでなく、社会的に妥当と考えられる対価を受けて働く権利と、最低限の生存のために必要な所得を受ける基本的権利をもつという考え方である。この考え方のもとでは、政府の機能にかんして、それまでとは基本的に異なった役割が要請されることとなる。政府は完全雇用を実現するために必要な経済政策をとるとともに、所得の再分配政策などを通して、市民の生存権が保障されるような措置をとることが要請されてくることになる。

二十世紀に入るとともに、自由権の政治思想が拡大されて、生存権の思想が世界の多くの資本主義諸国の間で少しずつ広まっていった。このような政治思想の転換がもっとも劇的なかたちで展開されることになったのが、一九三〇年代に起こった大恐慌である。

世界の資本主義諸国のほとんどすべてを同時に襲った大恐慌は、その規模、範囲、被害の大きさという点のいずれをとっても、資本主義の歴史にまさに前例をみないものであった。一九二九年十月、ニューヨーク株式市場における大暴落を契機として起こったこの大恐慌は、一九三二年、アメリカの失業率は全体で二五％、工業部門のみに限定すれば、三七％を超えるという異常な状態を生み出していった。金融機関の倒産は一万件を超え、アメリカの金融制度はほとんど完全といってよいまでに壊滅してしまった。市場経済制度のもとで、自動的に完全雇用が実現し、希少資源の効率的な配分がもたらされるという新古典派理論の神話もまた同時に壊滅した。このとき、新古典派理論に代わって新しいパラダイムを提供したのが、一九三六年に刊行されたケインズ(John Maynard Keynes)の *The General Theory of Employment, Interest, and Money*(『雇用・利子および貨幣の一般理論』塩野谷祐一訳、東洋経済新報社)であった。

ケインズ経済学

ケインズは、『一般理論』のなかで、資本主義的な市場経済制度のもとでは、完全雇用をもたらす自律的なメカニズムは存在せず、非自発的失業が発生するような状態がむしろ「一般的」であって、新古典派の主張するような完全雇用の状態は逆に、極限的な「特殊な」場合にすぎないことを理論的に証明した。ケインズはさらに進んで、市場経済制度を前提としながら、完全雇用、物価安定という政策目標を達成するためにはどのような財政、金融政策をとればよいかを論じた。そのとき、政府の経済政策は基本的には、有効需要の大きさに影響を与え、この有効需要を適切に操作することによって、完全雇用を実現することができると考えた。第二次世界大戦後になると、ケインズ経済学は、経済成長を長期間にわたって実現することがどのような政策手段の選択のもとで可能になるか、という問題を中心として、新しい経済成長の理論の展開をうながしていった。

ケインズは、『一般理論』で、新古典派理論の理論前提のうち、希少資源のマリアビリティと市場均衡過程の安定性を取り上げて、これらの前提条件がいわゆる現代資本主義の制度的条件と矛盾していることを注目して、代替的な理論的枠組みの構築を試みた。

ケインズは、ソースティン・ヴェブレン（Thorstein B. Veblen）が一九〇四年に刊行した『営利企業の理論』（*Theory of Business Enterprise*：『営利企業の理論』小原敬士訳、東洋経済新報社）のなかで展開したマシーン・プロセスの考え方にもとづいて議論を展開する。産業革命以来、生産の形態が近代的技術を具体化した機械を用いておこなわれるようになったことに留意する。機械は、それぞれの特定の目的、用途をもって設計され、特定の工場に据え付けられ、特定の生産工程のなかに組み込まれる。しかも、ある工場で生産された生産物は、また他の工場で使用され、さらにその工場の生産物は、他の工場で使用されるという、工場間の生産関係もまた密接なものとなる。このようにして、機械はひとたびつくられてある工場に据え付けられると、他の用途に転用したり、異なった生産工程に組み込んだりすることは、たとえ不可能でないとしても大きな費用を必要とし、かなりの時間をかけなければならない。すなわち、機械の多くはマリアブルに使うことができず、固定性の高いものとなる。このことは、労働を含めてほとんどすべての生産要素について妥当する。新古典派理論が想定しているようなマリアビリティは、現代資本主義における生産過程については適用することができないというのが、ヴェブレンのマシーン・プロセスの考え方であった。

このようにして、生産過程の固定性が高まり、生産要素がある特定の工場で特定の生産過程に組み込まれるようになると、生産の主体である企業の性格についても、本質的な変化が起こる。新古典派理論では、企業はそのときどきの市場的条件に対応して、利潤がもっとも大きくなるように、生産要素の組み合わせを調節することができるという前提がおかれていた。これに対して、ケインズ理論の想定している企業は、一つの有機体的組織をもった実体的性格のつよいものであって、時間を通じて、一つのアイデンティティを保つものとなる。このような実体的組織としての企業が現代資本主義における生産の中心となっているということを最初に指摘したのはいうまでもなく、ヴェブレンの『営利企業の理論』であったが、ケインズは、『一般理論』のなかで、このヴェブレン的企業を考察の中心においてマクロ経済学の理論的枠組みを構築していったのである。

ヴェブレン的企業にとって、もっとも重要な概念は、固定投資、つまり固定的生産要素の蓄積である。マクロ経済的な観点からも、経済活動の水準、すなわち有効需要の大きさを規定する基本的な要因は、経済全体での固定的資本形成、総投資額である。総投資額は、有効需要あるいは労働雇用量を決定する中心的な要因であって、一般に総投資額が完全雇用に対応する有効需要を生み出す水準に等しいという保証はなく、非自発的失業の発生をみるか、あるいは不安定な物価上昇を惹き起こす状況の方がむしろ「一般的」であるという結論が導き出される。

ケインズは『一般理論』のなかでさらに、ヴェブレンが強調したもう一つの現代資本主義の制度的特徴のマクロ経済的インプリケーション（Implications）を明らかにした。それは金融資産市場の不安定性にかんするものである。資本主義の発達にともなって、金融、資本市場の高度化、効率化という現象が顕著にみられるようになった。企業の発行する負債、株式に対して高い流動性が付与され、わずかの手数料と短い時間的おくれをもって、これらの負債、株式がごく短い期間に大量に売買されることが可能になった。そして、人々はこれらの負債を金融資産として保有することによってキャピタルゲインを求める行動をするようになった。そこでは投機的動機が支配することになり、市場価格はもっぱら投機家の行動によって決まってきて、これらの負債の実質的価値を反映するものではなくなってしまった。いわゆる投機的バブルの形成である。この投機的なバブルは長期間にわたって維持されることは不可能であって、やがて現実と期待の乖離がある心理的な価値を超えるとき、株価の大暴落という現象を惹き起こさざるを得ない。一九二九年十月にニューヨークの株式市場で起こった金融恐慌はまさにこのような投機的バブルの破裂であるとケインズは考えたのである。

株式市場における金融恐慌はやがて、投資の限界効率のスケジュールに大きな影響を及ぼし、投資の大幅な減少という現象を経済の実質的部門にもたらし、国民所得の低下、非自発的失業の大量発生という結果となってあらわれる。そして、国民所得の減少はさらに、消費と投資の大幅な減少を誘発し、非自発的失業の発生をともない、景気の螺旋的悪化、慢性的な経済停滞がつづく。この、大恐慌の図式が現代資本主義の制度的諸条件のもとで必然的に生起することを明示したのが、ケインズ経済学である。

ケインズ経済学はこのように、資源配分のマリアビリティ、市場均衡の安定性という新古典派理論の二つの公理を否定して、現代資本主義のもっとも特徴的な面である企業の役割に注目し、さらに、金融資産市場の高度化がマクロ経済的にどのようなインプリケーションをもつかということを明らかにして、いわば現代資本主義の病理学的考察ともいうべき理論を展開した。

しかし、ケインズ経済学は、新古典派理論のもう二つの公理については、まったくふれることなく、マクロ経済学的枠組みをつくり上げた。希少資源の私有制と所得分配の公正性とについてである。

所得分配の公正性についていえば、ケインズ経済学が前提としていたのは、生存権の保障は、基本的には、所得の再分配を通じておこなうべきだということであった。すなわち、最低生存のために必要な最小限の所得水準以下の所得しか得られない人々に対しては、直接的な所得のトランスファーを通じて、事後的に救済しようということを暗黙裡に前提としていた。市場経済を構成する人々の所得が最低所得水準まで落ち込んでしまう確率を低くするような、制度的ないしは政策的配慮をおこなうのではなく、じっさいに最低所得水準以下に落ちてしまった人々を所得保障によって救済しようとするものであって、市場経済制度がもたらす社会的不安定性を低めるような制度的条件をもとめようとするものではなかった。この点は、のちに展開する社会的共通資本の理論との関連に重要な意味をもつ。

経済学の第二の危機

ケインズ経済学が、第二次世界大戦後四半世紀にわたって、たんにアカデミックな経済学だけでなく、経済政策の分野でも中心的な考え方を提供していったことはさきに述べたとおりである。この期間を通じて、世界の資本主義諸国の多くでは、安定的な経済成長を実現することができた。この安定的な経済成長によって、市民の基本的権利にかんする社会的コンセンサスの性格が大きく変わっていった。それまでの生存権の考え方がいっそう拡大化されて、いわゆる生活権の政治思想が支配的となっていったのである。生活権の政治思想は、すでに一九三〇年代に、スウェーデンで、グンナー・ミュルダールたちの経済学者によって、経済制度ないしは経済政策の基本的な目標として明示的に導入された。さらに、一九四二年に出された『ベバリッジ報告』によって、具体的な政策プログラムとして提示されることになった。

生活権の政治思想は、各市民がたんに生存のために必要な最低水準の所得を得ることができるという生存権の考え方をさらに進めて、各市民は、健康にして文化的な最低限の生活を営むことを市民の基本的権利としてもつと考えるものである。したがって、政府の責務は、すべての市民が、このような権利を享受することができるように物理的、政策的諸条件を用意することが要請されることになる。

この生活権の思想にもとづくときには、政府がどのようなサービスを公的に供給し、どのような基準にしたがって分配するかという、財政支出の実質的内容に立ちいって分析することが必要となる。生存権の政治思想を背景としてもっていたケインズ経済学では、完全雇用の実現という政策目標が提示され、財政支出が有効需要に及ぼす効果をマクロ経済的な観点からの分析が展開されたが、その具体的内容は問われなかった。ジョーン・ロビンソンがいみじくも表現したように、「完全雇用を！」というケインズ理論のスローガンに代わって、「なんのための完全雇用か！」ということを問題にしなければならない。しかし、経済学の世界で、この問題意識が明示的に掲げられるようになったのは、ミュルダール、ベバリッジ報告よりずっとおくれて、一九七〇年代に入ってからであった。この問題意識を経済学における一つの危機としてとらえて、ケインズ経済学の崩壊と新しい経済学の形成を力づよく訴えたのが、一九七〇年十二月、アメリカの経済学会でおこなわれたイーリー講演「経済学の第二の危機」(The Second Crisis of Economic Theory)である。

ジョーン・ロビンソンが、「経済学の第二の危機」というとき、それは、二十世紀における第二の危機を意味する。ここで、「危機」という言葉は、トーマス・クーンのいう意味で使われている。すなわち、既成のパラダイムの理論的基礎は崩壊し、その実践的有効性はすでに失われてしまっているにもかかわらず、新しいパラダイムがまだ形成されていないような状況を指す。

二十世紀における経済学の第一の危機は、一九三〇年代の大恐慌を契機として起きた。この大恐慌によって、新古典派理論は、理論的整合性と現実的妥当性という二つの面から、その信頼性をほとんど完全に失ってしまったが、第一の危機は、ケインズ経済学によって解決された。それから半世紀近くたって、世界の資本主義はふたたび大きな混乱に陥って、不均衡と不安定の時代を迎え、ケインズ経済学はその有効性を失ってしまった。しかし、ケインズ経済学に代わるべきパラダイムの形成はまだみられず、経済学は第二の危機に直面しているというのが、ジョーン・ロビンソンがイーリー講演で主張したことであった。それは一九七〇年のことであるが、ジョーン・ロビンソンのいう「経済学の第二の危機」は現在にいたるまで未解決のまま残されている。この間の経緯は、私たちの主題である社会的共通資本の理論と密接な関わりをもつので、ここで多少くわしく考察しておきたい。

世界の資本主義は、一九六〇年代の半ば頃から不安定な要素が目立ちはじめ、市場の不均衡が一般的な状況になりはじめた。直接的な契機としては、アメリカがヴェトナム戦争の泥沼に落ち込んで、インフレーション、失業、国際収支の悪化という、いわゆるトリレンマを抱え、市場の不均衡が螺旋的に拡大するという傾向を、内在的、構造的にもつようになったことにある。このことは、世界の主要な資本主義経済にも波及し、いわゆるケインズ主義的な財政・金融政策は、その有効性を失ってしまった。先進工業諸国と発展途上諸国との間の経済的格差はますます拡大し、社会主義諸国との間の経済的、政治的緊張感もきびしくなっていった。先進工業諸国についてみても、都市と農村との間の不均衡の拡大、都市におけるインフラストラクチャーの不安定化、医療、教育などの基礎的部門の混乱、さらに一般的に、人々の生活の実質的内容と経済的パフォーマンスとの間の乖離、環境破壊、公害の普遍化などという問題が一九七〇年代から八〇年代を通じてますます顕著になっていった。ここでまず問題とされなければならないのは、効率化の追求、経済成長という新古典派経済理論やケインズ経済学の基本的問題意識ではなく、分配の公正、貧困の解消という経済学本来の立場であり、そのために必要な理論的枠組みの構築が新しいパラダイムの形成に不可欠であるというのがジョーン・ロビンソンのいう「経済学の第二の危機」の意味するところであった。

ヴェトナム戦争を契機として起きていったアメリカ資本主義の地殻変動にともなう経済循環過程の不安定化と社会的混乱は、一九七〇年代を通じて、全世界に波及していった。とくに、一九七三年十一月に起こった石油危機によって、この過程はある意味で不可逆的な性格をもつようになった。しかし、経済学が進んでいった方向は、ジョーン・ロビンソンが意図したのとはまったく異なったかたちをとってしまった。私はかつて、歴史の捻転という表現を用いて、その特徴を浮き彫りにしたことがある。一九七〇年代から八〇年代の半ば頃までにかけての経済学の研究の方向は一言でいってしまうと、反ケインズ経済学と呼ばれるべきものであって、ケインズ以前の新古典派経済学の考え方がよりいっそう極端な形で展開されたものであった。この反ケインズ経済学はマネタリズム、合理主義経済、サプライサイドの経済学、合理的期待形成仮説など多様な形態をとっているが、いずれも新古典派経済理論の理論前提にもとづくものであって、その共通の特徴としてあげられるのは、理論前提の非現実性、政策的性向の反社会性であり、市場機構の果たす役割に対して、その正当性を前提とし、強調する理論的性格をもっている。

この反ケインズ経済学はまた、純粋な意味における市場経済制度の重要な前提条件である生産手段の私有制に焦点を当てて、分権的な資源配分のメカニズムのもつメリットを最大限に評価しようとした。

反ケインズ経済学は必然的に、政府の経済的機能にかんしてきわめて制約的な性格を求めることになった。すなわち、希少資源の所有形態、生産主体にかんしてもっぱら私的な性格を求め、政府ないし公共部門の果たす機能をできるだけせまく限定して、自由な分権的な配分機構の果たす範囲をできるだけ広く拡大しようという政策的な意図をもつことになったのである。

この傾向は、経済政策、制度の選択にかんして一九七〇年後半頃からとくに顕著に現われるようになった。アメリカのレーガン大統領、イギリスのサッチャー首相、日本の中曽根首相という政治的指導者たちが、新保守主義の旗をかかげて、いわゆる民間活力ができるだけ有効に働くような制度改革を求めていったのも必ずしも偶然的な現象ではなく、このような経済思想的背景をもっていた。中央集権的な配分機構がもたらす非効率性、反社会性を強調して、そのもつ政治的、経済的インプリケーションを重要視し、すべての希少資源を可能なかぎり私的な管理ないし所有にまかせることによって、分権的市場経済制度のもつメリットができるだけ効果的に生かせるような制度を求めようとしたのであった。

社会的共通資本の考え方は、このような歴史の捻転をなんとか是正して、より人間的な、より住みやすい社会をつくるためにどうしたらよいか、という問題を経済学の原点に返って考えようという意図のもとにつくり出されたものである。

第2章　農業と農村

第1節　農の営み

農の営み

日本の農業はいま、一九三〇年代の大恐慌以来、最大の危機を迎えている。農業の存続そのものが危ぶまれるという状況にあるという点からすれば、日本農業は、その形成以来、最大の危機といってよいかもしれない。

ここで、農業というとき、畜産業はもちろん、林業、水産業をもふくめて、広い意味に用いているが、農業という用語法自体、おのずから一つの偏見なり、既成概念の枠のなかに、私たちの思考が閉ざされてしまっているということを示すのかもしれない。

農業というとき、そのときどきの経済体制のもとで、一つの産業として、自立しうるような性格をもつものとして規定される。たとえば、資本主義的な市場経済制度のもとにおける農業というとき、つぎのようなことを意味する。

資本主義的な市場制度において形成される価格体系のもとで、各農家の受け取る純所得が決まる。その所得の制約条件のもとで、各農家は、家族の生活、子弟の教育のための支出をはじめ、種子、肥料、農薬など、農の営みに必要な生産要素を購入し、さらに新しい農地の購入、技術の開発、栽培方法の改良のためにさまざまな活動と投資をおこない、原則として、収支が均衡すると考えるわけである。

このような前提は必ずしも普遍的でないということは、封建時代の歴史的経験からも明らかである。また一九三〇年代大恐慌のもとにおける農村の実態からもただちによみとれる。農業という概念規定より、むしろ農の営みという考え方にもとづいて議論を進めた方がよいのではないだろうか。

農の営みは人類の歴史とともに古い、というよりは、人類を特徴づけるものとして農の営みの意味づけが存在するといってもよい。このような意味における農業は、自然と直接的に関わりをもちつつ、自然の論理にしたがって、自然と共存しながら、私たちが生存してゆくために欠くことのできない食糧を生産し、衣料、住居をつくるために必要な原材料を供給するという機能を果たしてきた。いうまでもなく農業は、その生産過程で、自然と共存しながら、それに人工的な改変を加えて、生産活動をおこなうが、工業部門とは異なって、大規模な自然破壊をともなうことなく、自然に生存する生物との直接的な関わりを通じて、このような生産がなされるという点に農業の基本的特徴を見いだすことができる。しかも、人々が農業に従事するとき、おおむね、各人それぞれの主体的意志にもとづいて、生産計画をたて、実行に移すことができる。

農業のもつ、この基本的性格は、工業部門での生産過程ときわめて対照的なものであって、農業にかかわる諸問題を考察するときに無視できない。工業部門で生産に従事する人々の大部分は、それぞれ特定の企業組織に属して、その構成員として、企業の経営的な観点からの指示にしたがって、生産に関与する。このような状況のもとでは、商品化された労働力と、労働者の人格的主体との間には、きびしい緊張関係が形成されるのが一般的である。資本主義的な市場制度のもとで企業活動がおこなわれるときにも、社会主義的な中央集権的な計画経済にしたがって生産がおこなわれるときにも、このようなかたちで形成される自己疎外は、例外的な現象ではなく、ひろく一般的な性格をもち、現代社会の病理現象を特徴づけるものとなっている。

農の営みと自己疎外

この点にかんする指摘はすでに、ソースティン・ヴェブレンによって、古典的な名著『営利企業の理論』(一九〇四年刊、前掲)のなかで、きわめて説得的なかたちでなされている。ヴェブレンはさらに進んで、このような意味における自己疎外が、現代資本主義制度のもとにおける有効需要の欠如、労働の非自発的失業、希少資源の非効率的配分などという病理現象を誘発する主要因となっていることを指摘している。

これに反して、農業部門では、そこに働く人々が、自らの人格的同一性を維持しながら、自然のなかで自由に生きることが可能となる。農業部門における資源配分の非効率性を惹き起こす主な要因は、自然的条件の予期せざる変動にもとづくものか、投機的な誘因にもとづく農産物の市場価格の異常な変動、あるいは、政策的要因にもとづく、生産条件の攪乱である。すなわち、農業の生産的条件にかんする内在的要因にもとづくものではなく、農業部門にとってはむしろ外生的な要因に惹き起こされるものである。

さらに、農業における生産活動の特徴としてあげなければならないのは、自然環境の保全に関わるものである。さきに述べたように、農業部門における生産活動は基本的に、自然的条件に大きな改変を加えることなくおこなうことができる。とくに、日本農業の場合、水田耕作を主としているため、大きな保水機能をもつとともに、夏季における温度調整に重要な役割を果たしている。また、日本の水田耕作は、メタンの発生を最小限に止め、地球温暖化という点からも、すぐれた効果をもっている。

林業の果たしている社会的、自然保全的役割

また、林業が、日本の森林の保全にさいして重要な役割を果たしてきたことを指摘しておかなければならない。日本はもともと、きわめて特殊な地理的構造をもつ。とくに、河川の急勾配と多雨地域の存在によって、森林の保全が、自然環境の維持のために不可欠な要件となっているだけでなく、文化的、社会的な面からも重要な役割を果たしてきた。ここに改めて言及する必要はないであろう。

森林を良好なかたちで、保全、維持するためには、林業との関わりが重要となる。つまり、林業に従事する人々が絶えず森林に入って、作業をつづけてゆくということによってはじめて、森林環境を保全してゆくことが可能となる。このことは、とくに日本の森林の場合、重要な意味をもつ。林業経営が可能となるような条件が整備されていないときには、森林の保全、維持はきわめて困難となる。

しかし、このことは必ずしも、利潤追求あるいは雇用維持という視点からなされる林業経営が支配的であるときに森林の保全が可能となるということを意味しない。これは、林野庁の管理下に置かれてきた国有林の悲惨な現状からも、容易に推測されることである。

農業基本法の破壊的役割

上に述べたことは必ずしも、日本の場合、農業のもつ自然環境保全の機能が現実にうまく働くような条件が存在していることを意味しない。この点にかんしては、一九六一年に制定された農業基本法の性格に関連して、くわしくふれたい。農業基本法は、高度経済成長期から現在にいたるまで、日本における農業のあり方を規定するものであって、日本農業が現在置かれている困難な状況をつくり出してきたといっても過言ではない。最近、新しい農業基本法が制定されたが、その基本的性格はほとんど変わっていない。

農業基本法の性格を大きく特徴づけるとつぎのようになる。それは、効率性基準を農業にも適用して、農業部門における生産性を高め、利潤性を求めて、工業部門と競争しうる条件を形成しようとするものである。そのために、農地の基盤整備、生産過程の機械化、農村の社会的諸条件の改良などの面で、政府が積極的な政策を展開するとともに、米価維持政策を中心として、農業部門における利潤性を人為的に高めることによって、労働および資本を農業部門により多く投下されるような状況をつくり出そうとしたのである。

この基本法によって、高度経済成長期における日本農業の展開、発展が可能になったという面はたしかにある。また、農家所得を大幅に引き上げるという点からも重要な役割を果たしてきた。農業基本法の果たした、このような役割は大いに評価すべきであると思うが、農業基本法の基本的な考え方そのものに、大きな問題がある。それは、農業を工業と同じような性格をもつものと考え、市場効率性にもとづいて、農業部門に対する資源配分のパフォーマンスを評価しようとする考え方である。この点については、のちほどくわしく考えることにしたい。

農業と工業の非対称性

さきに、農業の問題は、一つの産業としての観点から眺めるのではなく、よりひろく、農の営みという、人間本来のあり方に深く関わるものとして考えなければならないということを強調した。農業が、人々の生存に関わる基礎的資料を生産するという、もっとも基幹的な機能を果たすだけでなく、自然環境を保全し、自己疎外を本質的に経験することなく生産活動をおこなうことによって、社会全体の安定性にとって、中核的な役割を果たしてきたことに深く関わっている。このような機能を果たしてきた、また将来も果たしうる農業を工業と同列に取り扱ってよいのであろうか。

農業のもつ、このような特性は必然的に、効率性基準を適用しようとすると、工業との関連で、きわめて不利な条件を生み出す。工業は、市場的効率性という面では、農業とは比較しえないような有利性をもっているからである。工業部門での生産過程については、規模の経済が支配的である。これは工業生産自体と本質的な関わりをもつものであるが、その帰結の一つが、生産主体の規模拡大であって、巨大企業の形成というかたちとなって現われている。同時に、寡占的な市場構造をもつようになり、価格形成の過程はすでに完全競争的な状況から程遠いものとなってきている。農業の場合についても、規模の経済が適用されることは例外的ではないが、その程度については、工業とは比較することはできない。

工業部門と農業部門との間に存在する、生産面での格差をいっそう拡大化してきたのは、公共投資などの政策的な側面である。これは、工業部門の拡大、とくに重化学工業化の促進が、日本経済の発展にとって不可欠なものであるという思想的背景が根づよく存在してきたことと無縁ではない。この思想的偏向は必ずしも日本の場合に限定されるものではないが、日本経済についてとくに深刻であったことは否定できない。とくに重要な役割を果たしてきたのは、一九五〇年代半ば頃からさかんにおこなわれた大規模工業用地の造成である。そのもっとも典型的なものは、鹿島工業地域をはじめとする臨海工業基地の形成である。これらの工業用地の造成は、国、地方自治体が中心となって、その計画の策定から、実施にいたるまで常に主導的なかたちで関わってきた。このような公的資金を中心とする生産基盤形成が、高度経済成長期における日本の重化学工業化の過程で果たした役割は、正確にその評価を与えることは困難であるが、きわめて大きいものがあったことは想像にかたくない。

工業に対する政策的配慮は、このような産業基盤形成だけでなく、輸出を振興するためのさまざまな税制的優遇政策、技術導入の面での補佐的手段があげられる。さらに、ここで指摘したいのは、高等教育を受けた、すぐれた人材がほとんどすべて、工業部門に吸収されていったという現象である。それは、工業部門が農業部門に比べて、より近代的、革新的、そして都市的であるという、一種の社会的偏見に起因する面を多くもつ。と同時に、工業部門における投資の効率性がきわめて高く、工業部門での労働者、技術者の所得が、農業部門のそれをはるかに上回っているという現象もまたみられたからである。

高度経済成長期を通じて、農業と工業の間の格差は拡大しつづけた。しかし、農業も工業もともに、高い成長率を維持することができて、このような相対的乖離の問題は政治的課題とはならなかった。その要因の一つは、封建制の時代から一貫してみられた日本農村の閉鎖性であるといってもよい。これは一つには、日本農業の基盤に位置してきたのは水田稲作であって、それはまた、村落共同体の存在によってはじめて機能しうるものだったからである。そして、農民は次第に、農を営むという主体的な関わりを失って、自らの子弟が、できれば農村から脱出して、工業部門、都市に移ることをすら期待しはじめたのである。

農業基本法はこのような状況のもとで、きわめて効果的に機能していった。というのは、市場経済的な論理のもとでは、工業化によってはじめて、一国の経済発展が可能となるものであって、農村の役割は、すぐれた人的資源の供給源という機能を果たすだけである。雇用、所得、生産統計いずれをとってみても、農業部門の占める相対的ウェートが低くなればなるほど、一国経済の発展、成長が著しいという考え方が、一つの中心的な意味づけをもっていたからである。

このことはまた、日本経済の高度経済成長期をつうじて、工業、農業どちらの部門にとっても、きわめて望ましい状況をつくり出していった。工業部門ではとくに、生産、雇用、所得のいずれの面でも、歴史的にその前例をみないような高い率で成長をつづけることが可能になった。と同時に、農村における人口流出、とくに若年労働力の流出によって、一人当たりの農業生産性は高い率をもって上昇しつづけるという奇妙な現象を呈することになった。

新古典派経済理論の虚構

しかし、このことは、国際的観点からみたときの日本農業の相対的地盤沈下となって現われていった。

新古典派ないし、新リカードー学派の論理を適用すればつぎのようになる。日本経済は、人口、経済活動の水準の比率において土地が希少である。したがって、日本経済におけるもっとも効率的な資源配分は、できるだけ土地を少ししか使わないで、しかも土地単位面積当たりの収穫がもっとも高くなるようなかたちでなされるべきである。

この視点にたつとき、ヘクシャー＝オーリン的な国際的分業が、日本経済、ひいては日本の農業にとってもっとも望ましいという結論が必然的に導き出される。すなわち、各国は、それぞれ、相対的にゆたかな賦与量をもつ生産手段を比較的多く使用するような財の生産に特化し、相対的賦与量が少ない生産手段を比較的多く使用するような財は、外国から輸入した方が、国民経済の経済厚生という観点から望ましい。土地の賦与量が相対的に希少である日本経済の場合、農業という、より土地集約的な産業はできるだけ縮小して、工業部門に特化する方が望ましい。

この、農業基本法の背後に存在する経済思想はじつは、ＩＭＦ制度とならんで、第二次世界大戦後の国際経済関係を規定する重要な制度の一つであるGATT体制の考え方とまた、軌を一にする。関税、非関税障壁を取り除いて、自由な貿易と資本移動のもとで、世界の各国の経済厚生がすべて高くなるという、すぐれて新古典派的命題が、このような制度ないしは政策的展開の基礎におかれている。

もちろん、このような思想的な立場をはっきり意識して現実の政策的選択がなされてきたわけではない。しかし、たとえば、高度経済成長期の終わり頃から、日本とアメリカとの間で懸案となってきた、いわゆる貿易摩擦の問題についてアメリカ側が出してきた理不尽な要求も、このような経済思想的な考え方を根拠としながら展開されてきたものであり、またその故に一応の説得力をもっていた。

この新古典派的な経済思想の立場を貫くとき、一国の産業構成の望ましい姿にかんしてつぎのような結論が導き出される。国内的には、生産、流通、消費にかんするさまざまな規制ないしは政策的介入を撤廃し、国際的には、関税、非関税障壁を取り払い、貿易、資本移動が自由におこなわれるような状況のもとで、結果として実現する産業の構成、雇用の形態が、その国の経済厚生という観点からもっとも望ましい姿である。望ましい産業、雇用の構造は、事前に決められるものではなく、市場における競争の結果として、事後に決められる。

日本経済の場合、土地の相対的希少性を考えるとき、完全に工業部門に特化して、農業部門は完全に消滅するような状態が最適な資源配分のかたちであるというのが、この、新古典派的命題の主張するところである。かつてある会合で、私が、農業部門の果たす自然環境保全にかかわる機能の重要性を指摘したとき、日本の農地全部を公園とすればよいという暴論を唱えた新古典派経済学者がいたということを補足的ながらふれておこう。

このような新古典派的な経済思想、ないしはそれにもとづく政策的命題がいかに非現実的であり、また反社会的な性格をもっているかは改めて言及するまでもない。しかも、これらの命題にかんしては、その論理的根拠もまた著しい誤謬にもとづいたものである。

まず指摘しなければならない点は、一国の「経済厚生」の水準という言葉がしばしば用いられているが、その概念規定がきわめて曖昧であり、ときとして大きな矛盾を含んでいることである。一国の「経済厚生」というとき、それは、いわゆる代表的個人を想定して、その代表的個人が享受するベンサム的な効用にもとづいて、資源配分のパフォーマンスを評価しようとする。そこには、所得分配の不平等性にかんする問題意識は影をひそめ、企業はたんなる生産要素の瞬時的な結合にすぎない、幻影的な存在とされてしまっている。また、人々が生産にたずさわるときに感ずる職業的矜持も存在しないし、社会的、文化的香りも消えてしまった世界が想定されている。新古典派的個人は、虚無的な世界に、点々と散在する泡のような、非人間的な、抽象的な経済人である。

新古典派的命題について指摘しなければならない第二の問題点は、生産要素のマリアビリティ(可塑性)にかんする前提条件である。すなわち、生産要素がすべて、そのときどきの市場的条件に応じて、自由に、その用途を変えることができるという条件がおかれている。農業についていうと、農業の比較優位性が失われたとき、これまで農業部門に投下されていた生産要素を、なんら費用をかけることなく、また時間的経過もともなうことなく、工業部門に転用することが可能であることを意味する。逆に、農産物の国際価格が上がって、農業の比較優位性が回復されたときには、これまで工業部門に投下されていた生産要素を、なんら費用をかけることなく、また時間的経過もともなうことなく、農業部門に転用することが可能であることをも意味する。この前提条件がみたされるような状況は現実にありえないことは明白である。しかし、新古典派命題が成立するためには、このマリアビリティの条件が不可欠であって、もしこの条件がみたされないときには、新古典派命題の結論はほとんどすべて成り立たなくなってしまう。

新古典派命題の理論前提でもう一つ重要な役割を果たすものがある。それは、生産手段ないしは生産要素の私有制にかんする前提条件である。すなわち、生産活動の過程において制約的となるような生産要素はすべて、私有され、いずれかの経済主体に分属され、市場を通じて取り引きされるという制度的前提のもとで、新古典派命題が展開されている。いいかえれば、社会的共通資本のように、私的な基準ではなく、なんらかの意味で社会的な基準にしたがって、つくられ、あるいは使われるものは存在しないという理論前提がおかれている。

社会的共通資本としての農村

農業の問題を考察するときにまず必要なことは、農業の営みがおこなわれる場、そこに働き、生きる人々を総体としてとらえなければならない。いわゆる農村という概念的枠組みのなかで考えを進めることが必要になってくるわけである。

一つの国がたんに経済的な観点だけでなく、社会的、文化的な観点からも、安定的な発展を遂げるためには、農村の規模がある程度安定的な水準に維持されることが不可欠である。このことは、これまでの農業の特性について述べてきたことから容易に推論することができよう。とくに、一国の社会的、文化的水準を高く維持しつづけるためには、農業で生まれ育った若者の人数が常にある一定の水準にあって、都市で生まれ育った若者と絶えず接触することによって、すぐれた文化的、人間的条件をつくりだすことは必要である。

個人的体験になってしまうが、私は旧制一高で三年間の寮生活をおくった。そこではじめて、農村出身の友人を多く知って、人格形成の過程で大きな影響を受けた。当時、旧制高校では、比較的農村出身の生徒の比率が高かったが、一高も例外ではなかった。それまで都会の小学校、中学校で、偏った性向の友人たちの間で育った私にとって、農村出身の友人たちの多くがもっていた大らかな人間性、たくましい生き方、そしてことがらの本質を鋭く見抜いてゆく知性に、ほとんど衝撃に近い印象を受けたことはいまでも鮮明な記憶として残っている。私自身研究者としての道をえらんだわけであるが、私に研究者としてなんらかのものがあるとすれば、その人格的基礎は、旧制高校のころ、農村出身の友人から受けた、この清冽な影響にあるように思われてならない。

私の、この個人的体験をそのまま一般化することはできないにしても、農業のもつ特性からおしはかって、農村の場で形成される人間的な雰囲気からは、私がかつて受けたような強烈な印象を与えるような若者たちが比較的多く育つのではないだろうか。

また、農業にたずさわる人々がもっている健やかな、たくましい人間性もまたかなり一般的なものではないかという気がする。私は、この三十年ほどの期間、開発にともなう環境破壊の問題に関心をもって、数多くの現場に出かけた。これらの問題が生じているところはすべて農村(あるいは漁村)であった。そこで接した農民(あるいは漁民)の人々は例外なく、魅力的な人間性とすばらしい生き方をしてきた人々ばかりであった。開発によって惹き起こされる環境破壊の問題に関心をもち、積極的に運動を展開するという、農村のなかではかなりユニークな生き方をみずからえらんでいる人々と接してきたわけであるから、私の、この個人的印象をそのまま一般化することはできないかもしれない。しかし、私が理想とする人々が存在し、生きているのは、農村でしかないという感じをつよくもたざるを得ない。

これまで断片的なかたちではあるが、農村の果たす、経済的、社会的、文化的、人間的な役割の重要性にふれてきた。資本主義的な経済制度のもとでは、工業と農業の間の生産性格差は大きく、市場的な効率性を基準として資源配分がなされるとすれば、農村の規模は年々縮小せざるをえないのが現状である。さらに、国際的な観点からの市場原理が適用されることになるとすれば、日本経済は工業部門に特化して、農業の比率は極端に低く、農村は事実上、消滅するという結果になりかねない。このことはまた、農業基本法の考え方からの帰結でもある。

このような状況のもとで、まず要請されることは、農村の規模をある一定の、社会的な観点から望ましい水準に安定的に維持することである。農村の最適規模として、人口比率で考えるのか、土地面積の比率で考えるのかによって差違は存在する。また具体的に何％かということを算定しようとすることは、きわめて困難である。しかし、農村の最適規模という概念が、市場的効率基準にもとづいて事後的に決まってくるものではなく、社会的合意にもとづいて事前的に決められるべき性格のものであることを強調しておきたい。

いまかりに、農村の最適規模が人口比率で二〇％であるとしよう。このとき、農村人口を二〇％に維持するためにどのような政策的手段が可能であろうか。人口の移動は自由であるという前提はもちろん置かれているわけだから、人口の二〇％が農村に定住して、農業に従事するということを自ら選択するような誘因がつくり出されなければならない。そのためにはまず、農村における経済的、社会的、文化的環境を整備して、農村での生活を魅力的なものとすることが必要となる。それはたんに、農業の生産活動のために必要な生産基盤整備だけでなく、学校、病院、さまざまな文化的施設、さらには人間らしい生活を営むことができるような街路、交通機関などという公共的サービスをも含む。つまり、農村を一つの社会的共通資本と考えて、人間的に魅力のある、すぐれた文化、美しい自然を維持しながら、持続的な発展をつづけることができるコモンズを形成しようということである。

しかし、このような環境的条件を整備するだけでは、工業と農業との間の大きな格差を埋めることはできない。なんらかのかたちでの所得補助が与えられなければ、この格差を解消することは困難である。差し当たって考えられる手段は、専業農家に対する所得補助である。それは農家単位当たり一定額の給付のかたちをとるべきで農家の規模あるいは生産量に無関係でなければならない。現在専業農家の戸数は約六十万戸として、このような所得補助政策をとる場合、対象となる農家戸数はふえることが当然予想される。かりに、八十万戸になったとして、年間百万円の所得補助をおこなったとしても、総額八千億円にすぎない。

このような考え方にもとづいて、私はかつて、農村文化功労者年金制度の創設を提唱したことがあったが、実現の可能性はまったくなかった。

この制度は当然、現在おこなわれている食管制度の全般的見直しを前提とする。とくに、米価支持政策の全廃は必須の条件である。米価支持政策はこれまである一定の社会的、経済的役割を果たしてきた。それは、米だけでなく、主要穀物の価格安定に大きな効果をもっていたし、農家経営をとにかく可能なものとしてきた。しかし、米価支持政策は、農業全体としてみたときに、資源配分の効率性という観点からみると大きな障害となってきた。また、国際的な観点からも、このような直接的な保護政策はもはや通用しなくなってきたといってよい。

日本の農政のあり方

農村規模を最適水準に維持しようとするとき、農林水産省が、行政上の当事者であることはいうまでもないが、これまでの農政のあり方をみるとき、少なからぬ危惧を抱かざるをえないのは私だけではないであろう。

それは、これまでの日本の農政が、農業を一つの資本主義的な産業としてとらえて、農業に従事する人々を一介の経済人とみなして、効率性のみを追うという偏見にあまりにも大きくとらわれてきたからである。農の営みというもっとも本源的な機能を担ってきた人々がもつ、すぐれた人間性とその魅力的な生き方が、日本社会の社会的安定性と文化的水準の維持という視点から、いかに大きな役割を果たしてきたかということが忘れられてしまっている。

同時に、日本の農業を語るとき、かつての農林省や各自治体に関連した研究所、試験場の果たした役割にふれざるを得ない。全国に散在する数多くの農業試験場が米、麦の品種改良、新種育成をはじめとして数多くの先駆的業績を挙げて、世界にその名を残してきたということについて、ここに改めて言及するまでもない。たとえば、蚕糸試験場が、明治以来、日本の蚕糸業のドライビング・フォースとしてだけでなく、世界における蚕糸業の発展に大きな寄与をしてきたことは多くの人も知るところである。現に、蚕糸試験場のもっている遺伝子資源は世界でもっとも数多く、すぐれた蚕の原種の集積である。また、林業試験場が、急勾配、多雨という温帯・亜熱帯・亜高山帯にわたる日本の森林の特性を的確にとらえて、林業発展の科学的基礎をきずくために大きな役割を果たしてきたことを特記すべきであろう。

これらのすぐれた試験場、研究所は現在再編成されて、農林水産省管轄のもとに、二十を超える研究所(研究センターを含めて)と六つの地域農業試験場として、日本農業の再調整、新たなる飛躍のために、その科学的基礎をつくりつつある。日本農業のおかれている陰湿な、閉塞的な環境のなかで、これら研究所、試験場の存在とその活動は、私たちに明るい希望と将来への展望を与えているといっても過言ではない。

第2節　農の再生を求めて

日本における農の営みの再生を求めて

日本農業が置かれている状況は、全般的危機という言葉によってもっとも的確にあらわされている。このことは、一九九一年には、新規学卒者のうち、わずか千八百人しか農業に従事する道を選択しなかったという事実が何より雄弁に物語っている。職業に貴賎を問うべきではないが、農、医、教育がもっとも神聖な職業であることには異論はない。そのうち経済的に、重要な役割を果たす農業について、後継者が年々わずか千八百人にすぎず、それもやがては、千人を割るのも近いと聞いて、暗然たる思いをもつのは私だけではないであろう。

前節でふれたように、農の営みが、人類の歴史でおそらくもっとも重要な契機をつくってきた。将来もまた基幹的な地位を占めつづけることは間違いない。農の営みというとき、それは経済的、産業的範疇としての農業をはるかに超えて、すぐれて人間的、社会的、文化的、自然的な意味をもつ。農の営みは、人間が生きてゆくために不可欠な食糧を生産し、衣と住について、その基礎的な原材料を供給し、さらに、森林、河川、湖沼、土壌のなかに生存しつづける多様な生物種を守りつづけてきた。それは、農村という社会的な場を中心として、自然と人間との調和的な関わり方を可能にしてきた。どの社会をとってみても、その人口のある一定の割合が農村で生活しているということが、社会的安定性を維持するために不可欠なものとなっている。

農村あるいは農業が若者たちにとって、このように魅力のないものになってしまったのは何故であろうか。農作業の大部分がきびしい肉体労働を必要とし、土を扱うためいわゆる「きたなさ」がしばしば強調される。その上、機械化によって、肉体労働のきびしさはある程度低減したといっても、逆に危険度は増大している。また、農産物の市場は、その価格変動が大きく、経営的な観点からみて、農業はもっとも不安定なものの一つとなっている。

しかし、農業が若者たちにとって魅力的でなくなってしまったもっとも大きな原因は、農業に従事することによって得られる職業的充実感が少なくなり、知的な意味でも、社会的な意味でも、存在感が極めてうすいものになってしまったことにあるのではないだろうか。学校を卒業して、実社会に出るということは、ふつう、なんらかの社会的組織のなかに入って働くことを意味する。会社員にせよ、公務員にせよ、それぞれかなりの規模をもつ組織のなかの一員として、組織を超えて、さまざまなかたちでの社会的連帯のなかに組み込まれ、一人一人の生きる世界が大きく開けることをも意味する。しかし、農業の場合、自らの育った狭い、しかも因襲的な農村社会のなかに閉じ込められたままで、新しい展開への展望を欠くのが一般的である。しかも、肉体的にきつい労働と不安定な経済的条件をともなうのであるから、農の営みを自らの職業として選択しようというのは、むしろ例外的だといってよい。たとえ、農の営みが、社会的、経済的に重要な機能を果たすということをよく知っていたとしても、また、農の営みに対して本来的な性向をもっていたとしても、農業に従事することを若者たちに選択せよというのは、非合理であり、非現実的だといわざるを得ない。このような視点にたつとき、いま私たちに求められているのは、農の営み、あるいは農村のあり方をいかに改編して、多くの若者たちに魅力のあるものにできるかである。

これまでの日本の農政はもっぱら、農家の経営的規模を大きくし、労働生産性を高めることによって、日本の農業を、工業部門と比較して劣らないものとし、他の国々の農業とも競争しうる効率的なものにするということに焦点がおかれてきた。このことは、現在の日本農業のあり方を規定している農業基本法にもっとも端的に表現されている。しかし、このような政策にはおのずから限界がある。現在、日本の農業に必要なことは、農業における経営形態のあり方、農村における社会的、文化的諸条件をどのように改編したらよいかということである。「三里塚農社」は、この課題にこたえる組織であり、日本農業の再生の契機をつくるためのプロトタイプとしての役割を担うものといってよい。

「三里塚農社」の構想は、日本農業の再生の道を探るという本質的な課題と、成田空港問題の平和的解決を求めるという世俗的な要請との総合から生みだされたものである。この「三里塚農社」が、どのような経済的、社会的、政治的意味をもつかについては、私たちは、それぞれのもっているイデオロギー的偏見、独断を超えて、それぞれの良識にもとづいて判断していただきたい。

本論に入る前に、農社という耳慣れない言葉を使うことについて弁明をしておきたい。「社」という言葉はおそらく、コモンズの訳語として最適なものではないだろうか。というよりは、コモンズよりもっと適切に、私がここで主張したいことを表現する言葉であるといった方がよいかもしれない。社という言葉はもともと土をたがやすという意味をもっていた。それが、耕作の神、さらには土地の神を意味し、さらに、それをまつった建築物を指すようになった。社は、村の中心となり、村人たちは、社に集まって相談し、重要なことを決めるようになっていった。そして、社は、人々の集まり、組織集団を指すようになったといわれている。

元代の終わり頃には、社は、行政のもっとも小さな単位であった。「農家五十戸をもって社となす」と、当時の文献にのこっている。社は、農の営みを中心としてつくられた組織であったが、社に必ず学校がおかれ、社学とよばれ、その先生は社師とよばれていた。社師はおおむね、社でもっとも年長で、人格的にもみんなから尊崇されていた。社師は、社に伝承されてきた学問的、技術的知識、思想的、人間的蓄積を子どもたちの世代に伝えるという最高の役割を担っていたのである。社はまさに、コモンズそのものであったといってもよい。

基本法農政がもたらしたもの

一方、農業基本法は一九六一年に制定されて以来、四十年間にわたって、日本の農政の基礎を形づくってきたが、この間の農政は、往々にして基本法農政ともよばれるが、四十年間にわたる基本法農政は果たして何をもたらしたのであろうか。

この間の日本農業の変化を端的にあらわしているのが、農林水産省が作成する「農林業センサス」および「農家就業動向調査」である。これらのデータからただちにわかることは、この四十年間に、農業基本法の意図したのとはまったく逆に、日本農業は衰退の一路を歩んできたということである。一九六一年には、六百万戸を超えていた農家数は、一九九九年には、三百二十万戸となり、じつに三十八年間に半数近くの農家が失われてしまっている。農家世帯員数もまた、一九六一年には三千四百万人以上あったのが、一九九九年には、わずか千百万人となり、三分の一以下に減少している。さらに、基幹的農業従事者数も、一九六一年には千二百万人近くいたのが、一九九九年には二百三十万人にまで減少している。じつに、三十八年間に、五分の一の人数にまで減ってしまったことを意味するわけである。

このことはとくに、若年の農業労働従事者についてみるとさらに顕著である。一九六一年には、基幹的農業労働従事者のうち、六十五歳以上のものの占める割合は七％にすぎなかったが、一九九九年には四五％を超える比率となっている。六十歳以上のものの占める割合は、六〇％を超えるというのが現状である。新規学卒就農者もまた、一九六一年には九万人近くいたが、一九九一年にはわずか千八百人にすぎない。全国地方自治体数より少なく、一自治体当たり就農者は一人以下という惨状である。

基本法が目的とした農家の経営規模拡大は実現したのであろうか。全国の経営面積でみると、一九六一年には約五百三十万ヘクタールであったのが、一九九九年には、約四百万ヘクタールで、七五％程度にまで減少している。農家一戸当たりの経営耕地面積は、一九六一年には九反歩であったのが、一九九九年には一町六反歩とわずかしか拡大化されていないことがわかる。このことは、階層別戸数の構成比と耕地面積のシェアの変化をみてみると、その実態がいっそう明確となるであろう。

いま、都府県だけについてみる。一九六一年には、耕地面積五反歩以下の農家戸数は全体の三九％を占めていたが、一九九九年には二三％にまで下がっている。耕地面積のシェアでは、一三・七％から七％に減少している。他方、三町歩以上の農家戸数は、一九六一年には〇・六％であったのが、一九九九年には六％にまで増加している。耕地面積のシェアでみると、この間に、二・八％から二五％にまで増えていることがわかる。さらに、五反歩から一町五反歩の規模をもつ農家についてみると、戸数にかんしては、一九六一年の七〇％から、一九九九年の五〇％に減少し、耕地面積のシェアでも、六〇％から四〇％に減少している。このように、経営規模の拡大化と五反歩から一町五反歩規模の農家の整理という基本法の目的はある程度まで実現することができたとみるべきであろう。

しかし、基本法にいう自立経営農家にかんしては、事態は極端に悲観的である。一九六一年には、専業農家約八十万戸のうち、自立経営農家は戸数にして、約八・六％を占めていた。当時、自立経営農家というのは、年間一戸当たりの農業所得が四十八万円以上の専業農家を指していたが、農業専従者の一六％、耕地面積の二四％を占め、農業粗生産額でいうと、二三％を生産していた。一九九八年には、下限農業所得が五百七十八万円に引き上げられたが、専業農家約四十三万戸のうち、自立経営農家は、戸数で六％を下回り、農業専従者数では三〇％以下、耕地面積で二三％にすぎない。農業粗生産額で三五％近くを占めているが、年間一戸当たりの農業所得が五百七十八万円をもって、自立経営農家と呼んでよいのであろうかという疑問を抱かざるを得ない。

ここでもっとも問題となるのは農家数に占める第二種兼業農家の割合である。いうまでもなく、第二種兼業農家というのは、農家所得のうち、農外所得の占める割合が五〇%を超えるものを指す。一九六一年には、全農家数の約三〇%程度が第二種兼業農家であったのが、一九九九年には、じつに七〇%近くの農家が第二種兼業農家として分類されている。

基本法の策定者は、高度経済成長のもとで兼業化が進行するのは、経済発展の正常な姿であり、しかも第二種兼業農家は、その全体の所得水準が低くないことを強調して、第二種兼業農家をむしろ育成しようとした。しかし、日本農業の正常な姿という観点からするとき、第二種兼業農家が七〇%近い農家戸数を占めるという現状は決して望ましいものでない。とくに、一九九一年には新規学卒就農者が千八百人にまで減少し、やがては千人を割るのも間近という日本農業の現状は、第二種兼業農家がこのように異常に高い比率を占めていることと無縁ではない。

農業基本法そのものに欠陥があって、日本農業の悲惨な現状を生み出したのか。あるいは基本法農政のあり方に大きな問題があったのだろうか。さらに、高度経済成長期以来、日本経済の発展がまったく予期しなかった道程をたどり、その攪流《こうりゅう》のなかにあって、日本農業の置かれた状況からある意味で必然的な帰結だといってよいのであろうか。これらの諸要因が混合されて、日本農業の現状が生み出されたといってよいが、いまここで、日本農業再生の道を探ろうとするとき、農業基本法の背後に存在する一つの考え方について留意することが必要であるように思われる。この考え方はじつは、たんに農業基本法に限定されるのではなく、もっと広く、日本の経済、社会のあり方、望ましい経済発展の理念にも大きな関わりをもつ。それは、社会的共通資本と、それを管理する社会的組織のあり方にかかわるものである。

社会的共通資本と農業基本法

農業基本法は、一戸一戸の農家を一つの経営単位と考えて、工業部門における一事業所ないしは企業と同じような位置づけを与えている。自立経営農家という概念に示されるように、一戸一戸の農家が、それぞれ主体的に生産計画を立て、雇用形態を決め、投資にかんする決定をおこない、その農業所得を基準として行動するという点で、工業部門の一企業と同じような役割を果たすものとされている。

このような意味での一つの独立した経営主体である農家が、工業部門の企業と同じような条件のもとで、市場で競争をおこなう。その結果、市場競争に敗れた農家は、第二種兼業農家なり、あるいは他の職種に転換させ、生産効率が高く、工業部門の企業と競争して十分に存立しうる農家を自立経営農家として位置づけようとした。そして、農業部門に対して、生産基盤の整備、構造改革、価格維持政策などの多種、多様なかたちでの保護政策を展開してきた。しかし、これらの保護政策は、工業部門においてなされてきた明示的あるいは隠伏的な保護政策に比較したとき、その規模、性格においてまったく比較できないほど小さなものにすぎなかった。その上、個々の農民の大きな負担と犠牲をともなうものであった。

農業における生産主体をこのようなかたちで、一戸一戸の農家として規定するとき、いわゆる規模の経済の発生する余地はほとんどなく、農業部門における社会的分業を誘発する効果もほとんどみられない。もともと農業部門における生産活動にかんしては、自然的条件のもとで、有機的生産形態が中心となっているため、その規模の経済の大きさ、資本収穫性、利潤性のいずれをとっても、工業部門に比べてはるかに小さいのが一般的である。しかも、農業部門における生産性は、天候など自然的条件に左右されることが大きく、また農産物に対する需要の価格弾力性も低く、予期しえない大きな市場価格の変動をみることが多い。このような技術的、自然的、市場的条件のもとで、一戸一戸の農家を独立した生産単位として、工業部門における企業——それも一般に巨大企業である——と競争させようというとき、農業部門の衰退という帰結を惹き起こすのは必然的であるといわざるを得ない。

農業部門における生産活動にかんして、独立した生産、経営単位としてとられるべきものは、一戸一戸の農家ではなく、一つ一つのコモンズとしての農村でなければならない。ここで、コモンズとしての農村というとき、その性格、規模についてくわしく規定しなければならないわけであるが、その点にかんする議論はしばらく措いて、生産、加工、販売、研究開発など広い意味における農業活動を統合的に、計画的に実行する一つの社会的組織であるとしておこう。一つのコモンズとしての農村を構成する農家数は、地理的条件、社会的、経済的環境さらには歴史的、文化的条件によって異なるが、一応、数十戸ないしは百戸前後が一般であろう。また、ここで農業というとき、農業基本法の場合と同じように、林業、水産業、農産物加工などを含めた広い意味で使っている。

コモンズとしての農村を農業部門における主体的単位ないしは組織と考えるとき、工業部門における一つの工場ないしは企業と対等な立場に立って市場経済的な競争をおこなうことが可能となる。このような観点からするとき、第二種兼業農家の果たす役割はおのずから明確となるであろう。すなわち第二種兼業農家は、一つの村落共同コモンズとしての農村のなかにあって、その労働の果実を大部分工業部門ないしは類似の産業部門によって吸収され、ごく一部分を賃金のかたちで留保し、しかも、そのかなりの部分を使って、工業部門の生産物であるトラクターなどの農機器、あるいは農薬の購入に充て、農業生産にかかわる損失を補填していることとになる。つまり、第二種兼業農家の割合が高くなればなるほど、工業部門に比して、農業部門が、市場経済的な競争という観点からますます不利となるような条件がつくり出されるわけである。

しかし、一戸一戸の農家を経済的、経営的単位と考えないで、コモンズとしての農村を経済的主体として考えようというとき、日本経済の存立の前提的条件である経済的分権制と政治的民主主義に根元的に矛盾するのではないかという疑問が提起される。日本農業の再生の道を探るという主題を考察しようとするとき、ここに提起された経済体制のあり方にかんする設問についてまず答えなければならない。そのために、コモンズ(Commons)の理論にかんする簡単な解説から始めることにしよう。

「共有地の悲劇」

一九六八年、生物学者のガーレット・ハーディン(Garett Hardin)が、『サイエンス』(Science)に、「共有地の悲劇」("The Tragedy of the Commons")と題する一文を寄稿した。それは、一八三三年、ウィリアム・ロイド(William Lloyd)という無名の人の書いた文章を引用して、共有地が必然的にそのキャパシティを超えて過剰利用され、再生の能力を失って、崩壊せざるをえないという命題を打ち出したものであった。以後、「共有地の悲劇」をめぐって、文化人類学者、エコロジスト、経済学者たちの間で一つの大きな論争が展開されてきた。共有地論争はまた、持続可能な経済発展(Sustainable Economic Development)というすぐれて現代的課題を考察するさいに、中心的な役割を果たすことになった。このような意味からも、ここで、ハーディン論文に端を発する共有地論争の概要を説明し、さらに社会的共通資本の理論との関係について述べることにしたい。

ロイドは当時、人口問題と労働問題にかかわる論争に関わっていた。共有牧草地の特徴として存在するすべての人々が利用する権利(共有権)をもつ。その結果、共有地は必然的に過密となり、牧草は枯渇し、牧草地は結局消滅してしまうことになると主張したのである。ロイドはさらに進んで、労働市場も同じような性質をもち、供給過剰となり、賃金水準の低下を惹き起こし、結局、労働者階級の窮乏を招来することを憂えたのであった。ハーディンの議論は、この、ロイドの命題を現代的に書き直したものである。何人かで共有している牧草地について、たとえ、これ以上利用すれば、その条件が著しく悪くなることが明らかになっていても、一人一人にとって、家畜をふやすことによって直接的に得られる限界的便益は、牧草地全体の条件が悪化することによってこうむる限界的被害より大きいかぎり、家畜の数をふやそうとするであろう。一頭の家畜をふやすことによって得られる限界的便益を一とすれば、牧草地の条件が悪化することによってこうむる限界的損失はその何分の一かになるのが一般的だからである。一人一人の個人が合理的行動をおこなっていても、全体としてみたときに、不合理な結果を生み出してしまうことになるというのが、ハーディンの主張であったのである。

ハーディン論文を契機として起こった「共有地の悲劇」論争には、二つの大きな流れがある。第一は、「共有地の悲劇」は、希少資源の私有制が欠如しているために起こるという伝統的な新古典派の考え方である。これに反して、第二の視点は、共有地の制度的条件にかかわるものであって、経済学の考え方に即していえば、ソースティン・ヴェブレンの制度学派の流れを汲むものである。

もともと、ロイドの議論、そしてハーディンの論点も同じように、「共有地」の概念に対して否定的な理解から出発していた。ロイドの言葉を借りるならば、共有権を分割して私有化することによって、人々は、自らの行動の結果を、良きにつけ、悪しきにつけ、自らの責任のもとに処理せざるをえなくなり、おのずから合理的な選好を迫らざるをえなくなる。デムセッツ(Demsetz, 1967)あるいはフロボトン＝ペジョヴィッチ(Furobotn and Pejovich, 1972)がより現代的なかたちで表現しているように、共有権を分割して、私有制を導入することによって、費用と便益とをともに内部化することが可能となり、不確実性を減少し、個々人が環境に対しても つ責任の所在が明確化され、希少資源をより効率的に配分することが可能となる。共有地制度のもとでは、市場のメカニズムが十分に働くことができないのであって、私有化することによってはじめて、アダム・スミスのいう市場の「見えざる手」が働くことができるというわけである。共有地論争における第一の、新古典派的発想は、経済学の考え方のなかに根づよく生きつづけてきたもので、一九七〇年代から八〇年代にかけて、レーガン、サッチャー、中曽根の政治思想に象徴されるように、多くの資本主義諸国が現に直面している世紀末的現象を生み出すのに決定的な役割を果たしたことはさきにも述べた通りである。

新古典派的発想に立って、「共有地の悲劇」を分析しようとする人々は、共通して、私有制か、あるいは国家権力による統制かという二者択一のかたちで問題を提起する。そして、国家権力による統制がもたらすさまざまな弊害を論じて、共有地を分割して、私有化し、市場のメカニズムを貫徹させるときにはじめて、私的合理性と社会的合理性とが矛盾なく統合されるという主張を展開する。しかし、現実に存在し、かつ機能してきた多くの共有地に対して、このような二者択一的なアプローチをすることはできない。ハーディン論文以来、伝統的な共有地がどのようなかたちで組織され、管理されてきたかについて、数多くの研究がなされてきた。

たとえば、灌漑用水については、イランのボネー(boneh)、スペインのエルタ(huerta)、フィリピンのザニェラ(zanjera)、インドネシアのスバク(subak)などについてくわしい研究が発表されている。沿岸漁業についても、日本の入会制度に始まって、イタリーのヴァーリ(valli)、西アフリカのアカディア(acadja)にかんする研究があるし、牧草地については、この論争の出発点であったイギリスの牧草共有地にはじまって、モロッコのアグダル(agdal)、中東地域アラブのヘマ(hema)、マリのディーナ(dina)などについての研究が存在する。森林についても、日本の入会地制度、インドのジャム(jhum)、マレーシアのラダン(ladang)、フィリピンのカイニィン(kaingin)など数多くの共有地制度についてくわしい研究がなされている。

これらの歴史的、伝統的な共有地の制度にかんする研究からみて、デムセッツたちの主張について、その実証的根拠が疑われ、その理論的帰結が妥当しないことが明らかになってきた。

デムセッツたちの共有地の概念が、明示的ではないにせよ、前提としているいくつかの条件がある。第一は、いわゆるオープン・アクセスの条件であって、共有地は、だれでも自由に利用することができるという前提である。普通コモンズといわれている共有地は、ある特定の集団あるいはコミュニティにとって「共有」であって、その集団ないしはコミュニティに属さない人々にとって、コモンズはアクセス可能ではない。この点にかんして、法的には、自然資源は、自由財であって、すべての人々にとって自由に利用されうるものという規定がおかれている国は多い。とくに西欧諸国についてこのことは妥当する。たとえば、アメリカでは州によっては、海洋資源はすべて、魚分野を含めて、何人によっても私有されず、すべての人に属するという法律が存在する。このような前提に立つとき、コモンズは、オープン・アクセスの条件をみたすことになる。しかし、歴史的なコモンズについては必ずしもこの前提はみたされないし、また、コモンズのあり方について考察を進めようとするとき、この前提に拘束されない方が望ましいように思われる。

第二の条件は、コモンズを利用しようとする人々は完全に利己的動機にもとづいて行動し、常に個別的な便益の最大を求め、社会的な行動規範ないしはコミュニティの規約には制約されないという仮定である。しかし、コモンズについては、その集団にないしはコミュニティに属している人々は、コモンズの利用にかんして、歴史的に定められたルールにしたがって行動することを要請されているのが一般的である。たとえば、日本の森林入会地の場合に典型的にみられるとおりである。

第三には、コモンズの希少資源は必ず過剰に利用され、枯渇してしまうという前提条件である。この前提条件については、個別的なコモンズにかんして妥当するか否かが判断されるべきで、ア・プリオリに、その結論を規定することはできない。

コモンズの考え方

コモンズの概念はもともと、ある特定の人々の集団あるいはコミュニティにとって、その生活上あるいは生存のために重要な役割を果たす希少資源そのものか、あるいはそのような希少資源を生み出すような特定の場所を限定して、その利用にかんして特定の規約を決めるような制度を指す。このように、コモンズというときには、特定の場所が確定され、対象となる資源が限定され、さらに、それを利用する人々の集団ないしはコミュニティが確定され、その利用にかんする規制が特定されているような一つの制度を意味する。デムセッツたちが念頭に置いていたのは、ある特定のコモンズであって、しかも、そこで前提されているような制度的条件をみたすようなコモンズはきわめて特殊であって、例外的にしか存在し得ない。いわば、コモンズの名に値しないようなものを対象としていたといってよい。

伝統的なコモンズは、灌漑用水、漁場、森林、牧草地、焼き畑農耕地、野生地、河川、海浜など多様である。さらに、地球環境、とくに大気、海洋そのものもじつはコモンズの例としてあげられる。これらのコモンズはいずれも、さきに説明した社会的共通資本の概念に含まれ、その理論がそのまま適用されるが、ここでは、各種のコモンズについて、その組織、管理のあり方について注目したい。とくに、コモンズの管理が必ずしも国家権力を通じておこなわれるのではなく、コモンズを構成する人々の集団ないしコミュニティからフィデュシアリー（fiduciary：信託）のかたちで、コモンズの管理が信託されているのが、コモンズを特徴づける重要な性格であることに留意したい。また、所有権の概念について、デムセッツたちの前提としているような単純な論理的所有関係ではなく、特定の社会的条件のもとで、歴史的に規定された複雑な内容をもつのが、コモンズについて一般的であって、権利、義務、機能、負担にかんする輻輳した体系から構成されている。マリノフスキーが、その古典的なトロブリアン諸島における所有制度の研究で明らかにしたように、コモンズの統制者は、私有制か、国家統制か、という単純な二者択一的関係ではない。この点にかんして、興味深い研究が、いくつかの代表的なコモンズにかんしてなされている。マッケイとアチソンの編集による『コモンズの問題――共有資源の文化とエコロジー』（B. J. McCay and J. M. Acheson, *The Question of the Commons; The Culture and Ecology of Communal Resources*, The University of Arizona Press, 1987）に発表されたいくつかの論文が、その代表的なものである。北極圏、アマゾン流域、パプア・ニューギニア、アメリカにおける採集、漁労コモンズに始まって、インドネシア、アイルランド、スペイン、エチオピア、ボツワナにおける農耕、牧草、海洋にかんするコモンズ、さらに、マレーシア、アイスランド、カナダにおける水産業にまで及んでいる。

日本のコモンズの制度についても数多くの研究がなされている。灌漑溜池、森林の入会制、漁業協同組合の制度などについてである。とくに灌漑溜池については、空海による満濃池の大修築と溜池灌漑の管理にかんするコモンズの制度が、たんに歴史的な意味だけでなく、持続可能な農の営みというすぐれて現代的な意味をもつものとして注目されている。空海は、八〇四年、三十一歳のとき、入唐留学の僧にえらばれ、二年間、長安に留学した。空海は、中国の東晋時代の高僧法顕の書物を通じて、スリランカの溜池灌漑にかんする技術を学んだのである。法顕は、三九九年、インドに仏典の勉強に行くが、当時のインドにはすでに仏教はほとんどなくなっていた。法顕は、そこで、当時世界の仏教の中心であったスリランカに行き、二十年近く経ってから故国に帰った。法顕は、スリランカで、仏教だけでなく、広く学問、技術を学んだ。とくに溜池灌漑を中心としたスリランカの農業についてくわしい研究を残している。スリランカは一世紀から三世紀にかけて、シンハリ文明として、世界で最高の水準の水利文明を誇っていた。それは、溜池灌漑の土木技術を中心としたものであった。

満濃池は周囲二十キロメーター、水面面積一四〇ヘクタール、灌漑面積四六〇〇ヘクタールの日本最大の灌漑溜池である。八世紀の初め、創築されたが、あまりにも巨大なため、間もなくこわれてしまった。八二一年、空海は勅命をうけて、総監督として満濃池の修築にあたった。そのとき、空海は、法顕から学んだスリランカの溜池灌漑の土木技術を使ったのである。空海による満濃池の大修築は、日本の土木史をかざる歴史的な工事として今に残っている。空海はまた、溜池灌漑の管理にかんするコモンズの制度も導入して、日本の農業の生産性の飛躍的発展の基礎をきずいた。

三里塚農社の構想

日本農業の危機的状況に直面して、政府の農業政策もまた大きく転換しはじめている。すでに、一九八〇年代の半ば頃から、農業の概念を拡大して、農村としてとらえ、産業としての農業を超えて、ひろく社会的、文化的、自然的環境のなかで生きる生活者の集まりを考えはじめている。この農政の基本的視点の転換は、政府の予算形成に直接反映するに止まらず、農業基本法を中心とする法的制度の改正というかたちになって現われつつある。たとえば、農地法の規定を大幅に緩和し、農地の利用、農民の定義が自由化され、また、農業生産法人、農事組合法人についても、いかにして日本農業の置かれた状況を超克して、新しい農村を形成する契機となることが可能かについて真摯な努力が払われつつある。以下述べる「三里塚農社」の構想は、基本法農政の転換を一つの現実的、実験的な試みとして具現しようとするものである。

三里塚農社(The Sanrizuka Commons)は、農の営みの外延的拡大と内包的深化をはかることによって、持続可能な農業(Sustainable Agriculture)の理論的考究とその実践的展開をおこなうことを主たる目的とする。

農の営みの外延的拡大とは、農の営みをたんに農作物の生産に限定せず、農作物を中間投入物とする加工、その他の生産活動、さらには販売、研究開発なども広く包含して、一つの綜合的な事業形態をもち、しかも分権的市場経済のもとで経営的な観点からみて一つの有機的経済主体として存立しうるような規模と組織を求めることを意味する。他方、農の営みの内包的深化とは、農社におけるさまざまな生産活動と生活様式とが、農社を取り巻く自然的、社会的環境の汚染、破壊をもたらすことなく、また、その生産物が、健康的、文化的、環境的な観点からもすぐれたものであるような生産形態を求めることを意味する。このようにして、農社における生産活動が分権的市場経済制度のもとで、工業部門に対して比較優位をもち、安定的な経済的、経営的主体として存続し、そこにおける生活様式が、文化的、環境的な観点から望ましいものであると同時に、農社と密接な関わりをもつ社会的共通資本、とくに自然環境を安定的に維持することが可能となる。このような意味で、農社は持続可能な農業を具現化することができるわけである。このような目的を達成するために、農社は、人口と土地にかんしてかなり大きな規模をもつ一つの組織体となるが、それはあくまで分権的市場経済制度の枠組みのなかで機能する経済的、経営的主体であり、農社の事業にかかわる一切の意志決定は民主主義的な規範にもとづいておこなわれることが、その存立のためにもっとも重要な前提条件であることを改めて強調しておきたい。

三里塚農社の定款

農社は社員から構成される。社員は、上記のような農社の事業目的を理解し、それに共感をもち、その達成のために協力を惜しまないものである。社員は、所定の株式を所有することを要する。社員は、その所有する株式を売却することはできない。その譲渡については、農社の承認を要する。

農社を構成する土地は、共有地と私有地とから成る。共有地は、農社が所有するか、あるいは他からの借地である。共有地は、農社の事業にかかわる目的のために使用し、あるいは社員に貸与することができる。私有地は、社員が所有する土地であって、私有地が農社の事業に供されているときにも、各社員は、その所有する土地に関する一切の権利を留保し、その行使を自由におこなうことができる。

農社は、持続可能な農業経営について、その形態、組織にかんする理論的考究と実践的展開をおこなうために、つぎのような事業をおこなう。農業生産、農産物加工、販売、研究開発などおよびこれらの事業に関わりをもつさまざまな生産、建設などの活動である。そのために、農社は、大学、農場、工場、建設の四つの部に分けられる。大学部は、農社全体の経営、企画を担当し、農科大学、庶務、経理、広報の業務をおこなう。農場部は、土地および水の農業上の有効利用、開発ならびに農業技術の向上によって、持続可能な農業の実践をおこなう。工場部は、農産物を中間投入財として、加工・生産をおこなうとともに、販売活動に従事する。建設部は、大学、農場、工場の各部における事業に必要な建物、施設の建設、維持に従事するとともに、社員の住宅および関連施設、さらに農社の文化的、社会的施設の建設、維持をおこなう。

農科大学は、農社の理念を実現するために、農業およびそれに直接、間接関わりをもつ問題について、理論的考究および実践的活動をおこなうとともに、農社における生産活動にかんして綜合的な見地に立って、企画、経営をおこなう。

理事会は、農社における事業を計画し、実行に移す。理事会は、五名の理事によって構成され、一名の理事長を互選し、他の四名は、それぞれ大学、農場、工場、建設を担当する。理事は、社員総会において、選挙によって選任され、任期は二年とする。ただし、再選を妨げない。

社員総会は、農社の最高議決機関であって、年一回通常総会が開かれるが、必要に応じて臨時総会を開くことができる。社員総会は、社員の過半数をもって成立の要件とする。評議会は十名の評議員によって構成される。そのうち、五名は理事が兼任し、五名は理事会が委嘱し、任期は二年とする。評議員は、その再選を妨げない。

農社の共有地は必要に応じて、個別的、あるいは複数の社員に対して、農場あるいは工業部門の事業のために貸与することができる。さらに、農社は、その事業の遂行にさいして、社員の所有する私有地を借地することができる。農社の共有地はまた、必要に応じて、社員の住宅用地として貸与することができる。社員の住宅用地として貸与された共有地は、社員が、その資格を喪失したときに、原則として農社に返却するものとする。ただし、理事会の議を経て、旧社員あるいはその家族に引き継いで貸与することを妨げない。社員は、農社の外部で事業をおこない、あるいは雇用されることができる。

三里塚農社の構想をどのようなかたちで具体化するかについては、今後の作業にまたなければならない。しかし、日本農業のあり方に新しい視点を与え、若者たちにとって夢のある農村を実現するための道を示すものとなることを期待したい。

第3章　都市を考える

第1節　社会的共通資本としての都市

日本の都市が第二次世界大戦後五十数年の間に経験した変貌は、その規模、質の両面から歴史上その比をみない。

日本の都市の変貌

この間に起こった都市人口の拡大は著しい。第二次世界大戦前には、都市部の人口は約二千八百万人、全人口の三八％程度であった。大戦中には都市人口が大幅に減少し、終戦時には約二千万人、全人口の三〇％以下となった。その後、都市人口の増加は著しく、現在では九千万人をはるかに越えて、全人口の八〇％以上が都市部に住んでいる。

日本の都市人口の増加はとくに高度成長期に著しい。一九五〇年代に始まった日本の高度経済成長は、産業的、経済的規模の飛躍的拡大をもたらしたが、人口の都市集中のペースも著しく高まった。とくに三大都市圏への人口集中が顕著で、二十五年間に二千万人近い人口が流入した。この激しい人口流入によって、日本の都市はかつてない規模での経済的、社会的、文化的変動、摩擦を経験することになったわけである。じつは、このような激しい人口移動そのものも、これらの経済的、社会的、文化的諸条件の変化によって惹き起こされたという面ももっている。いずれにせよ、現在日本が抱えている大きな問題の多くは、この時期の都市人口の拡大と密接なかかわりをもっている。都市人口の問題はまさに、私たちが直面する最大の問題であるといえよう。

社会的共通資本としての都市とは簡単にいうと、ある限定された地域に、数多くの人々が居住し、そこで働き、生計を立てるために必要な所得を得る場であるとともに、多くの人々がお互いに密接な関係をもつことによって、文化の創造、維持をはかってゆく場である。

都市では、本源的な意味における土地の生産性に依存することなく生産活動を行うことができるという点で、農村とは本質的に異なる。農村では、生産活動が土地と時間を主要な生産要素として行われるのに対して、都市における土地利用の規模と機能はきわめて限定的である。しかし、都市において、土地利用がどのような形で行われているかということは、そこで営まれる社会的、経済的、文化的、人間的活動の性格を規定する上で決定的な役割を果たす。都市は文明の顔であるといわれる。このことは一国の中枢的な役割を果たす、いわゆるプライマシーとしての都市の場合、とくに顕著である。これらの都市の諸様相はそのまま、そのときどきの時代的特徴を鮮明にあらわし、その国の政治的、経済的特質を反映するものとなっている。

日本の都市、とくに東京、大阪などの巨大都市は高度経済成長を契機として変貌をとげた。日本の高度経済成長を支えたのはいうまでもなく投資であった。初期の時点では、投資は主として工業用地の開発、造成を中心とした産業基盤的な資本形成が中心であったが、一九七〇年代以降、生産基盤的な機能をもつ社会的共通資本の蓄積、とくに都市のインフラストラクチャーの形成に大きなウェイトが置かれた。道路、街路、鉄道の整備・建設、電力・ガスなどの供給施設、上下水道の整備、学校、病院などという教育・医療・文化的施設の建設などを中心とした都市のインフラストラクチャーの形成によって、この期間に日本の都市は大きな変貌をとげた。同時に、民間の資金による投資の額も年々巨大な額に上り、企業の建物、個人住宅、社会的、文化的な施設の建設を中心とした私的資本の巨大な蓄積は、社会的共通資本の蓄積と補完的な関係をもって、日本の都市は多様な展開をしてきた。

この時期に日本の都市は大いに改善され、その内容がゆたかになってきたと思う人は多いであろう。土木工学的、物質的な観点からみると、たしかに日本の都市はよくなってきた。街路の構造、建物の質、デザインという点からみて日本の都市はすくなくとも外見的にはすばらしい変化を遂げてきたといってよい。しかし、都市の本来的な機能という面からみて、はたして日本の都市はその物理的、土木工学的外見が示すほどよくなってきたのであろうか。さらに一歩進んで、文化的、社会的、人間的な側面に目を向けるとき、日本の都市の多くは必ずしもよくなったとはいえないのではないだろうか。このような疑問に答えるためには、都市の本来的機能は何かという、より根元的な問題に直面せざるを得ない。

二十世紀の都市

二十世紀の都市は、近代的都市計画の理念にもとづいてつくられてきたといってよい。この、近代的都市計画の理念は、イギリスのエベニーザー・ハワードの「田園都市」(Garden City)に始まり、アメリカに渡って、パトリック・ゲッデスによって拡張され、広域都市の考え方に受け継がれていったが、その昇華点は、ル・コルビュジエによる「輝ける都市」(Radiant City)の理念であった。ル・コルビュジエの「輝ける都市」は、都市を一つの芸術作品としてみて、合理的精神にもとづいて、最大限に機能化された幾何学的、抽象的な美しさをもつ。その具体的なイメージは、広々とした空間の中の芝生に点々と高層建築のオフィス、住宅が建ち並び、商店街、学校、病院、図書館、美術館、音楽堂などの文化的施設、公園などがすべて計画的に配置されている。レイアウトは幾何学的な直線あるいは曲線をもち、直線的で、幅の広い自動車道路がすみずみまで行き渡っていて、すべての建物、施設は自動車によって直接的にアプローチすることができる。建築素材として、ガラス、鉄鋼、コンクリート、大理石がふんだんに用いられ、建築物の形態は伝統的な概念を超越して、近代合理主義にもとづいて自由な精神が自由に表現されていて、近代的デザインと機能性を併せもつ自動車の群れとみごとに調和したものとなっている。ル・コルビュジエは、高度に発達した二十世紀の工業技術と抽象派の芸術とを都市の形に結晶し、具現化したのである。

しかし、ル・コルビュジエの「輝ける都市」は抽象派の芸術作品としてはすぐれた作品かもしれないが、人間が生活して、人間的交流をもち、人間的な文化を形成してゆく場ではない。ル・コルビュジエの都市では、人間は主体性をもたないロボットのような存在でしかない。

ル・コルビュジエの「輝ける都市」は、二十世紀の都市の形成、再開発のプロセスに決定的な影響を与えつづけてきた。その、もっとも大きな要因は、ル・コルビュジエの都市を形づくる自動車と、ガラス、鉄筋コンクリートを大量に使った高層建築とが、二十世紀の「企業」資本主義の体制のもとで、望ましい経済的誘因を形成し、政治的な観点からも好ましい条件をつくり出してきたということが挙げられよう。このことは、高度経済成長期から現在にかけての、日本の都市計画のあり方にとくに顕著に現われている。

近代的都市計画はこのように、都市に住んで、生活を営む生活者としての人間をほとんど無視して、都市計画者自身がもっている単元的、画一的で浅薄な人間像をそのまま投影したものとなってしまった。この傾向は、日本では土地制度の欠陥によって増幅されて、日本の都市の非人間性をいっそう顕著なものとしているように思われる。

ここで私たちが提起する「最適都市」(Optimum City)という概念は、いわゆる近代的都市の理念を超えて、都市の中で生き、生活を営む市民の視点からみて、どのような構造をもち、どのような制度をもった都市が望ましいのかということを模索するために導入されたものである。限られた地域のなかに、技術的、風土的、社会的、経済的諸制約条件のもとで、どのような都市的インフラストラクチャーを配置し、どのようなルールないしは制度によってそれらを運営したら、そこに住む人々にとって人間的、文化的、社会的な観点からもっとも望ましい生活を営むことが可能であろうかということを求めようとするのが最適都市の考え方である。以下に展開される諸節は、このような意味での最適都市を考えるときに、どのような点に留意して、どのような形で思考を進めたらよいか、という課題に答えようとするものである。

第2節　自動車の社会的費用

「くるま社会」と大学

一九九〇年代の前半、ある地方の国立大学で教えた。大学のキャンパスは、市の中心から十数キロ離れたところにあって、松林に囲まれた、自然ゆたかな環境のなかに置かれている。学部の同僚たちも、長期的視点に立って、ゆったりしたペースで研究を続けている方が多く、私にとってこの上もないような研究環境と生活環境とを提供してもらっているという感じであった。しかし、この大学には、ひとつだけ重大な欠点があって、それが私たちの生活にも、研究にも暗い影を投げかけていた。

大学の前には、広い、まっすぐな道路があって、自動車が絶え間なく、かなりなスピードで走っている。商店はすべて道路を渡った側にあって、駅に行くのにも、この道路を渡らなければならない。この自動車道路には、大学キャンパスのあるあたりを中心に何キロにもわたって横断信号が一つもない。横断信号を付けると自動車の流れが妨げられて、渋滞してしまうからといって、横断信号の設置に消極的な考えをする教官すら大学のなかにいる。しかし、学生を始めとして、大学の人々は、みんな命懸けで、自動車の流れが途絶えた、わずかな間隙を狙って道を渡っているのである。

もともとこの大学が置かれている地域は長い期間にわたって、市民の一人当たりの公共投資が、他の県に比べてずば抜けて大きな額に上まわっていたところで、その公共投資の大部分は道路建設関連に使われてきた。そのため、この地域は、公共的交通機関がきわめて不十分で、人々の生活は主として自家用自動車に依存するという結果になってしまった。自動車を使って通学している学生も少なくない。さすが、教官のなかで、自動車に乗ってくるという人は少ないが、大学とその周辺は、自動車を中心として生活が営まれているというかたちになっていて、「くるま社会」特有の雰囲気をかもし出している。大学として最適に近いような物理的、自然的環境のなかにありながら、その周辺が「くるま社会」としての特徴を備えているために、そのことが、ここで生活し、学ぶ人々にとって、大きな影を落とし、大学としての機能に対しても大きな制約要因となっている。

その古典的な症候群の一つに、学生による交通事故の多発がある。とくに、冬季、道路が凍結しているときに多いのであるが、教授会で、学生の交通事故——その多くは死亡や重傷のケースであるが——についての報告を聞くたびに、心の痛む思いがする。

大学キャンパスが自動車利用を中心とした「くるま社会」のなかに位置しているとき、大学として、自由でアカデミックな雰囲気をつくり出すのは至難の業であるといってもよい。とくに、学生の立場からみて、このことは重要な意味をもつように思われる。もともと文化というとき、人間と人間との接触が、その、もっとも大切な契機となっている。大学もまた、たんに講義を受動的なかたちで聞くという場ではなく、学生同士、あるいは学生と教師とが相互に密接な関係を保ちながら、さまざまな人間的な側面における交流を通じて、大学本来の目的が効果的に達成しうるものである。このようなアカデミックな場で、自動車という存在は、きわめて好ましくない、異物という感じを私たちに与えるものであって、大学における学問の研究、教育に大きな障害となっている。じつは、このことは、たんに大学に限定されるものではなく、広く社会一般に適用されるのではなかろうか。

自動車の普及

日本の交通状況は、高度経済成長期から現在にかけて大きく変化してきた。とくに、一九六〇年代の半ば頃からの変化が量的にも、質的にも著しい。国内輸送をとってみても、貨物輸送量は一九六五年には千八百億トンキロ程度であったのが、一九九八年には五千五百億トンキロにまで増えている。他方、旅客輸送も、一九六五年の三千八百億人キロから、一九九八年には、一兆二千億人キロにまで拡大している。

その構成をみるとき、質的変化はドラマチックである。一九六五年には、貨物輸送のうち、その約三分の一が鉄道によるもので、自動車輸送は四分の一程度であった。一九九八年には、鉄道輸送はわずか四・二％を占めるにすぎず、自動車輸送は五〇％を超える比率を示している。ちなみに、内航海運の比率は、一九六五年、一九九八年ともに四五％前後の比率となっている。

旅客運送についても、貨物運送ほどではないが、大きな質的変化がみられる。一九六五年には、鉄道は、旅客輸送の七〇％近くを占めていて、自動車は三〇％程度であった。一九九八年には、四〇％以下になって、逆に、自動車が、六〇％となって、比率が完全に逆転してしまっている。

この背景には一方では、全国的な規模における自動車道路の建設、整備があり、他方では、鉄道に対する投資が必ずしも十分な水準ではおこなわれず、逆に、旧国鉄時代にみられるような地方ローカル線の縮小、撤去などがおこなわれてしまったということが挙げられよう。

このような交通体系の変化が自動車の保有台数に大きな影響をもたらしたということはいうまでもない。一九七〇年、自動車の保有台数は約千七百万台を越え、一九九八年には七千四百万台となった。人口一人当たりの保有台数は、アメリカなどの国々に比較すれば必ずしも高くないかもしれないが、土地面積単位当たりでは(とくに可住面積をとってみると)、世界でもっとも自動車密度の高い国になっていることがわかる。

過去三十年間にわたった自動車道路の建設、整備のテンポがじつは、日本の経済、社会、自然という観点から、最適な水準をはるかに超えた異常なかたちでおこなわれてきた。何故、日本における道路建設がこのような水準でおこなわれてきたのか、また何故自動車の普及が、このような道路の拡充の早いテンポをさらにいっそう上まわるような早さでおこなわれてきたのか。この点に、日本の政治的、経済的諸条件がもつ内在的な矛盾が存在し、日本の文化状況をいっそう不安定なものとし、貧しいものとしてきたということを指摘しておきたい。

さきに、私の勤務した地方の国立大学が、「くるま社会」のなかにあって、大学として正常なかたちで機能してゆくことがいかに困難であるかということについて、簡単に言及した。じつは、このような状況は、この国立大学の場合に特有なものではなく、全国各地の大学にとって程度の差はあれ、共通のものであるように思われる。あるいは、日本の経済社会について妥当することではないか。このような状況を生み出してきた、もっとも基本的な要因は、自動車の社会的費用にかんする的確な認識を欠いたまま、自動車がもたらす、ポジティブな面にのみ光を当てて、交通体系の整備、都市的インフラストラクチャーの建設、維持、さらにさまざまな公共的施設の建設、さらには国民経済全体の計画、国土の利用計画が策定され、実行に移されてきたということにあるのではないだろうか。

自動車の社会的費用という概念については、すでに一九七四年に刊行された『自動車の社会的費用』（岩波新書）のなかで、くわしく説明した。もともと、社会的共通資本の考え方は、自動車の社会的費用の概念を明確に理解するために考え出されたものであった。同書は、具体的に自動車の社会的費用の大きさについて、大ざっぱな推計をおこない、都市形成のプロセスとどのような関わりをもつのかということに言及した。その後、日本の経済社会の発展は、私がまったく予想しなかったようなかたちで起こってきたし、自動車の保有台数、都市の形態もまた、私が期待したのとはまったく正反対の方向に進んでしまった。しかし、同書で展開した、自動車の社会的費用にかんする理論は現在でも、あるいはむしろ現在においていっそうの緊急度をもって妥当し、人間らしい都市の形成を考えるさいに、いぜんとして重要な役割を果たすのではないかと思われる。

自動車の社会的費用

自動車の社会的費用という概念は、本来、自動車の所有者ないしは運転者が負担しなければならない費用を、歩行者あるいは住民に転嫁して、自らほとんど負担しないまま自動車を利用しているようなとき、社会全体としてどれだけの被害をこうむっているかということをなんらかの方法で尺度化しようとするものである。もし、このような社会的費用を放置しておくときには、人々は自動車を利用すればするほど、私的な観点から大きな利益を得ることができるわけで、自動車に対する需要は限りなく増大する傾向すらもつことになってしまう。

自動車に対する需要が際限なく増大することを防ぐには第一に、自動車の価格に社会的費用に見合う額を賦課金のかたちで上乗せして、自動車に対する必要度が的確に需要に反映されるような仕組みを導入することが考えられる。第二には、道路の混雑が十分に大きくなってから、人々が自動車を利用することによって得られる利便が、私的な観点からも十分に小さくなるようにすることであろう。後者の場合、道路の利用――とくに自動車道路の場合――にともなう限界的社会費用に見合う額を、道路の使用料として賦課することが必要となってくる。しかし、さきに述べたように、現実には、このような方法はとられないまま自動車の保有台数は年々早いテンポで増加しつづけ、それに対応して、自動車道路の建設、現存道路の拡大ということがおこなわれ、それがさらに自動車に対する需要を誘発するという、螺旋的な悪循環を繰り返してきたのである。この悪循環のプロセスを断ち切るためには、自動車利用によって発生する社会的費用を、自動車を利用する人々がすべて負担するという、いわゆる社会的費用の内部化ということを実行することが必要になってくるわけである。このような意味でも、自動車の社会的費用の大きさを具体的にどのように計測するかということが重要な課題となる。

自動車の社会的費用を考えるとき、まず第一に考慮にいれなければならないのは、道路を建設、維持し、交通安全のための設備を用意し、サービスを供給するためにどれだけの費用が実際にかかったかということだけでは不十分であるということを指摘しておきたい。また、これまで、歩行者のために使われていた街路、あるいは子どもたちの遊び場としても使われていた街路について、舗装して自動車通行が可能になるようにしたとき、舗装、改修のためにかかった費用だけでよいのであろうか。当然、歩行者や子どもたちが、自動車が通るようになって、これまでのように街路を安全に使うことができなくなってしまうことによって発生する被害を考慮にいれなければならないであろう。このことは、社会的費用の第二の構成要因と密接な関わりをもつ。

自動車の社会的費用について、第二の構成要素は、自動車事故によって惹き起こされる生命、健康の損失をどのように評価したらよいかという問題である。自動車の利便の一つが、各人が必要に応じて、手軽に自動車を利用することができるということである。とくに、自ら居住する場所から直接に自動車を利用できるという利点は大きい。このことは同時に、自動車利用にともなう直接的危険がきわめて大きいにもかかわらず、それを、日常性の観点から小さく意識することが多い。自家用自動車を利用する人が、自分自身の子どもをガレージの入り口で轢き殺してしまうという悲惨な事故すらみられるのは、このためであろう。また、公共的な交通機関と異なって、自動車は、専門の運転者によって運転されないのが一般的で、また、一般の歩行者と同じ空間で利用されることが多い。このことによっても、自動車によって惹き起こされる事故の確率は高くなる。

このような意味でも、自動車運転によって惹き起こされる確率は本来的にもきわめて高いということが予想される。とくに日本の道路の場合、自動車によって惹き起こされる事故の確率は、道路の構造がもともと自動車道路に適さないことが多く、また、都市の構造一般についても、自動車運行を想定しないでつくられたところが多いということからも、飛躍的に高いのではないかと思われる。日本中どこにいっても、曲がりくねった、道幅のせまい街路で自動車が利用されていて、歩行者、自転車利用者は、この上もない危険にさらされているところがいたるところに存在する。とくに、雨や雪の日など、この危険はさらに高くなって、日本で生活するときに感ずる、もっとも危険なものの一つとなっている。

さて、自動車事故によって失われた、人命、健康の被害はどのようにして測られているのだろうか。通例使われているホフマン方式の考え方にもとづけば、つぎのようになるであろう。もしある人が、自動車事故によって、その生命を失ったとしよう。もし、その人が天寿を全うしたとき、あとどれだけの所得を稼ぎ出すことができるかを計算する。そして、その所得系列を、適当な割引率で割り引いて、割引現在価値を計算する。その額が、自動車事故によって失われた人命の経済的価値の評価であり、自動車の社会的費用の第二の構成要素をなすという考え方である。この考え方がいかに非人間的、反論理的であるかということは、かりに自動車事故によって生命を失った人が、余命いくばくもない老人かあるいは病人であったとすれば、その人の生命の経済価値はゼロないしはマイナスの値をとることになってしまうということからも明白であろう。

自動車事故にともなう生命、健康の喪失にかんする社会的費用は、このような新古典派経済学の枠組みのなかで考えられるべきものであってはならない。むしろ、このような自動車事故が可能なかぎり最低限に抑えられるような道路構造を想定して、このような道路をつくるために現実の道路を改造するためにどれだけ費用がかかるかということによって、自動車事故にかんする自動車の社会的費用が推測されなければならない。このことはじつは、どのような道路構造が望ましいものであるかということに関わるものであって、究極的に、どのような都市構造を私たちは求めているのか、どのような交通体系が望ましいのかという問題に関わってくるものである。

第三に挙げなければならないのは、自動車通行によって惹き起こされる公害、環境破壊にともなう社会的費用をどのように計測したらよいかという問題である。

自動車通行にともなう大気汚染、騒音、振動などは、人々の健康を損ない、ときには生命の危険をもたらす。さらに、住宅環境が破壊され、街路の機能もまた著しく阻害される。このうち、とくに深刻なのは大気汚染にともなう健康被害の問題である。

大気汚染にともなう健康被害の問題は、水質汚濁とならんで、高度経済成長期におけるもっとも深刻な公害問題を提起していた。一九六〇年代にはもっぱら産業活動によって惹き起こされる公害問題が中心であったが、やがて、自動車によって惹き起こされる公害問題に焦点が移っていった。

このことを象徴的にあらわしているのが、西淀川地区の公害裁判である。この裁判は一九七八年四月に、第一次提訴がなされた。それから二十年間のながい年月を経て、一九九八年、ようやく和解が成立した。

西淀川公害裁判は、自動車沿道における大気汚染公害によって健康被害を受けた人々が、十企業と国・道路公団を被告として提訴したものである。

一九七二年に判決が下された四日市公害裁判(提訴一九六七年)は、疫学的判断にもとづく法的因果関係を認めて、複数企業の共同不法行為責任を認めたという点で歴史的な意味をもつものであった。西淀川公害裁判はさらに進んで、自動車道路の設置管理者である国と道路公団もまた、民間企業と同じように、共同不法行為の成立に責任をもつべきであるという主張を展開したものであって、大気汚染の原因に、自動車の果たす役割が、この二十二年の間に大きく変わってきたことを象徴するものである。

西淀川公害裁判は、自動車との関連でもう一つ重要な意味をもっている。それは、大気汚染の原因物質にかんして、二酸化硫黄だけでなく、二酸化窒素と浮遊粒子状物質とを含めているという点である。四日市公害問題を始めとして、一九六〇年代の大気汚染は主として、工場から排出された硫黄酸化物による呼吸器疾患が中心であった。反公害運動の焦点はもっぱら硫黄酸化物におかれ、二酸化硫黄にかんする環境基準がかなりきびしい水準に設定され、その濃度は、一九七〇年代から現在にかけて大幅に減少するという結果をもたらした。しかし、自動車から排出される有毒ガスのなかで、とくに深刻な健康被害をもたらすのは、二酸化窒素であって、その影響は広範な領域にわたっている。

二酸化窒素は、二酸化硫黄と異なって、粒子が微小で、肺胞の深部にまで達し、一般に喘鳴をともなう肺疾患を惹き起こす。とくに、二酸化窒素は、ある種の浮遊粒子状物質と複合するとき、肺癌などの悪性腫瘍を誘発する要因となりうることが、近年、多くの医学的・疫学的研究を通じて明らかにされた。

ところが、一九七八年、環境庁は、二酸化窒素に関わる環境基準を大幅に緩和する措置を強行した。二酸化窒素にかんする環境基準は、「一時間値の平均〇・〇二ｐｐｍ以下」であったが、それを、「一日平均値〇・〇四〜〇・〇六ｐｐｍ以下」という緩和した基準に変え、しかも測定方法をも同時に変えたため、実質的には三倍以上の緩和措置であった。この基準緩和によって、それまで、全国の測定局のうち、旧基準をみたしていたのは五％以下であったが、九五％が新基準をみたすという奇妙なことになったのである。

この基準緩和は、環境庁が、経団連を中心とする財界の圧力に屈して、上に述べたような医学的・疫学的知見を無視して決めたものであるが、その背景には、自動車道路の建設に関わる問題が存在していたのである。すなわち、旧基準のもとでは自動車道路の建設が不可能といわないまでもきわめて困難となってしまうということが、基準緩和に対して、産業界からのつよい圧力の原因であった。

自動車の社会的費用の第四の構成要因は、自然環境の破壊である。自動車道路、とくに観光道路、スーパー林道などの建設によって、森林と地形の均衡が破られてしまうだけでなく、自動車から吐き出される有毒ガスによって、樹木が枯れ、いたるところに枯木の墓場が広がっている。日本の地形的条件のもとでは、森林の均衡を保つことが困難であって、自動車による自然破壊はたんに環境景観の破壊に止まらず、ときとして大きな災害を惹き起こす要因ともなっている。

自然破壊と関連して強調しなければならないのは、自動車による文化的、社会的環境の破壊である。とくに都市については、自動車通行が中心となるにしたがって、その社会的環境は不安定な、危険なものとなって、文化的にも劣悪なものとなってゆく。また、自動車自身が、その果たす機能の大きさに比較して、あまりにも巨大な空間的存在であるということによって、都市空間のあまりにも大きな部分を自動車利用のために提供しなければならなくなってしまうということである。とくに、日本の場合、可住国土面積当たりの人口、経済活動水準が極端に高く、自動車利用のために割かなければならない土地面積の希少性はきわめて高くなる。この点に関連した社会的費用が天文学的な額に上るということは容易に推測されることである。その上、ガソリン・スタンドの潜在的危険性、自動車を始めとして自動車関連の廃棄物置場などによって惹き起こされる都市環境の劣悪化、醜悪化がみられる。さらには暴走族の類いが人々の生活に及ぼす悪影響、自動車の普及にともなう犯罪の凶悪化など、自動車がもたらす害毒は一々挙げれば際限がない。

自動車の社会的費用として最後に挙げなければならないのは、自動車の生産、利用の過程で使われるエネルギー資源の希少化、それにともなう地球的環境の均衡破壊の問題である。自動車は、その生産と使用の過程において厖大なエネルギー資源を浪費する。とくに化石燃料の使用によって、大気の温暖化という地球的規模における不均衡現象を誘発している。この現象は、化石燃料、とくに石油の燃焼に対して、その社会的費用を内部化するという政策を採らないかぎり、安定化することは困難である。また、自動車道路の建設によって惹き起こされる森林の破壊は二重の意味で、大気の温暖化に悪影響を及ぼしているということも指摘しておかなければならないであろう。

第３節　都市思想の転換

なぜ社会的費用が考慮されてこなかったか

自動車の社会的費用は、経済的、社会的、文化的、自然的な側面にわたって、多様な形態をとり、その大きさはまさに天文学的な水準に達している。各都市の設計はもちろん、全国的な交通体系の策定にさいしては、自動車の社会的費用が内部化されているように、自動車道路の設計、その建設費用の負担、都市におけるさまざまなインフラストラクチャーの建設、さらに自動車の購入、保有に対する課税制度を考慮すべきである。このときはじめて、社会的共通資本をも含めた、希少資源の効率的ないし最適な分配が実現し、安定的な社会的、経済的状態を維持することが可能になる。

しかし、日本の場合、このような配慮はまったくなされず、自動車道路の拡大、建設が著しくはやいテンポでおこなわれ、自動車保有台数の加速度的増加を誘発してきた。その結果、日本は世界でも有数の「くるま社会」となって、その陰惨な症候群に悩まされ、人々の実質的生活の内容は著しく貧しいものとなり、その文化的水準はきわめて劣悪なものとなってしまっている。要するに、日本では、自動車の社会的費用が異常なほど高いにもかかわらず、その内部化ということがまったく考えられてこなかったという現象がみられる。

これにはいくつかの要因が存在する。

日本における自動車の普及は、自動車道路を始めとする道路ならびに関連施設の建設によって促進されてきた。公共事業としておこなわれる自動車道路の建設は一方では、土木建設産業に対して効果的な有効需要を生み出し、高い利潤を確保するという役割を果たす。他方では、政治的フェイボリティズムを巧みに利用して、自民党を中心とする専制体制を維持するという役割を果たしてきた。

自動車道路の建設は自動車産業自体の発展に対して大きな効果をもつとともに、自動車関連産業における雇用形成を誘発し、ひいては日本経済全体の成長を促進するという効果をもっていた。このことはまた人々の精神構造に対して、無視しえない影響を与えて、自動車の果たす光の部分だけに注目して、そのネガティブな側面から目をそらすという思考形態が一般的な風潮となっていった。もともと、人々の精神構造のなかには、自動車の普及が、社会の進歩を示すもっとも重要な尺度だという誤った考え方があって、日本における自動車道路の建設が歯止めのないかたちで進行していった背景には、この考え方がときとして支配的であったということと無縁ではないように思われる。

望ましい都市とは

この点と関連して言及しなければならないのは、望ましい都市とはどのような形態をとらなければならないのかということにかんする社会的コンセンサスの欠如という現象である。というよりは、非人間的な近代的都市の理念が支配していたということに起因していたということに深く関わっているように思われる。

先にも触れたが、二十世紀を通じて支配的であった都市計画の理念は、ル・コルビュジエの「輝ける都市」に代表される考え方であった。イギリスのエベニーザー・ハワードの「田園都市」に始まった、この近代的都市理念は、アメリカに輸入されて、パトリック・ゲッデスによって拡張されたのであった。さらに、ル・コルビュジエの「輝ける都市」がアメリカを中心に現実の都市建設に主導的な役割を果たしていった。

ル・コルビュジエの「輝ける都市」は、建築素材として、コンクリート、鉄鋼、ガラス、大理石を使って、伝統的な建築様式にとらわれない自由な建築群と、近代的なデザインと機能性とをあわせもつ自動車の群れとが巧みに調和した、いわば、芸術作品としての都市を計画したのであった。広々とした空間のなかに、高層建築の群が点々として存在し、それぞれ単一機能をもつ区画に整然としてゾーニングが施され、すべての建物は、直線的で、幅の広い自動車道路に直接面している。ル・コルビュジエは、自らの設計した都市を、抽象派の芸術が、二十世紀の輝ける工業水準と調和的に結合されたものと考えたのであったが、「輝ける都市」には、人間が欠如している。人々が住み、生活を営み、人間的な活動をする場としての都市ではない。ル・コルビュジエの「輝ける都市」では、人は、ル・コルビュジエの意図するままに動くロボットとしての役割を果たすにすぎない。

しかし、ル・コルビュジエの「輝ける都市」は、二十世紀における世界の大都市の変貌に決定的な影響を及ぼした。その影響は、アメリカ、西ヨーロッパ諸国だけでなく、アフリカ、インド、アジアの第三世界諸国の都市にまで及んでいった。そして、現在、これらの都市は、かつてない社会的混乱、文化的退嬰のなかで苦悩している。日本の都市もまた、その例外ではない。

ル・コルビュジエの「輝ける都市」の人間的貧困と文化的俗悪とを的確に指摘し、その矛盾を明らかにしたのが、ジェーン・ジェイコブスであった。ジェーン・ジェイコブスの思想は、多くの人々によって説かれているので、ここで改めて説明をする必要はないかもしれない。しかし、自動車の役割との関連で、簡単に、ジェイコブスの考え方を要約しておこう。

ジェイコブスの考え方がもっとも端的に表現されているのは、『アメリカ大都市の死と生』である。この書物は一九六一年に刊行されたが、当時の思想的状況のもとで、とくに若い建築家、都市設計家の心をとらえて、新しい都市理念の、いわば「聖書」としての存在になった。

ジェイコブスはこの書物のなかで、かつて魅力的であった、アメリカの多くの大都市が、一九三〇年代から五〇年代にかけて、ほとんどすべて「死んで」しまったと主張する。そして、人間的に魅力のある都市をつくるために、都市の「再生」のために、どのような基準を導入しなければならないのかということを、四つの条件にまとめ上げたのであった。この、ジェイコブスの四大条件は決して、論理的、演繹的に導き出されたものではなく、ジェイコブスが、死に絶えてしまったアメリカの数多くの大都市と、そこにわずかに残っている人間的なコミュニティとを精力的に調査して回り、そこから帰納的、経験的に導き出されたものであるということに留意する必要があるように思われる。ジェイコブスの四大原則はまた、ル・コルビュジエの考え方を真正面から否定するものであって、それはまた土木建築産業の利潤追求型の計画都市、ないしは行政官僚の俗物的思想から生み出された都市計画とも明確に一線を画するものである。

第一の原則は、街路の幅はできるだけせまく、曲がっていて、一ブロックの長さは短い方が望ましいというものである。人々の生活の必要から自然発生的に形成された街路が望ましいということが強調されている。ル・コルビュジエの「輝ける都市」が、真直ぐで、広くて長い街路を基本とした、非人間的な環境を求めていたのと、この点でも対照的である。

第二の原則は、再開発にさいして古い建物ができるだけ多く残るように配慮しなければならないということである。新しい建物が多いと、高い償却費を払わなければならなくなって、自由な発想が生まれにくいというのがジェイコブスの意図したところだったのである。

第三の原則は、都市の多様性にかんするものである。都市の各地区は必ず二ついしはそれ以上の機能をもっていなくてはならないという条件である。この原則は、ル・コルビュジエたちの近代的都市計画家が共通して主張するゾーニング計画の考え方を否定するものである。

第四の原則は、都市の各地区は、人口密度が十分高くなっているように計画されなければならないということである。

さきに述べたように、ジェイコブスの四大原則は、なんらかの理念にもとづいて理論的に演繹されたものではなく、アメリカの大都市の歴史と実態をくわしく調べ上げて、人間的な魅力と文化的多様性とを兼ね備えた都市はどのような特徴をもっているかということに注目して導き出した考え方にもとづいている。ル・コルビュジエの近代的都市理念を否定して、新しい都市理念のあり方を示唆したものである。

ジェイコブスの都市理念にもとづくとき、新しい都市の形態、とくに公共的交通機関の果たす役割にかんして、これまでの考え方に対して百八十度の思想的転換を迫られることになる。

人間的な魅力を備えた都市はまずなによりも歩くということを前提としてつくられなければならない。ジェイコブス的な街路は、道幅が広くなく、曲がっていて、一つ一つのブロックが短い。しかも、十字路的な交差点では、T字路を基本とし、歩道橋の類は原則として避けるように設計されなければならない。また、歩道と車道とが物理的に分離されていることは当然であるが、歩行者が直接自動車通行によって影響を受けないように、街路樹などによって適当に遮断されていなければならない。歩行者がかろうじて電柱のかげにかくれて、走りすぎる自動車をよけているというのは、日本の都市でよくみられる光景であるが、このことほど、日本の都市の貧しさを象徴するものはないように思われる。

公共的交通機関を基本的な交通手段として都市を設計するとき、一つの都市の大きさについて自らある限界が存在する。日本の大都市は、東京、大阪をはじめとして、異様な規模にまで拡大されてしまった。このような規模をもつ都市に対して、公共的交通機関を中心として交通体系を考えることは非常に困難となり、またそれにともなう希少資源の浪費もまた大きくなってしまう。

くるま社会の都市を越えて、人間的な都市をつくろうとするとき、ジェーン・ジェイコブスの四大原則がもっとも基本的な考え方を提供している。しかし、その理念を具現化することは必ずしも容易ではない。とくに日本の場合、一九五五年体制のもとにおける自民党、行政官僚、土木建設業の共同機構によって、自動車を中心とした、ル・コルビュジエ的な都市理念がこの上もない思想的遮蔽を形づくってきた。しかし、日本の大都市の多くはすでに「くるま社会」の限界に到達しつつあって、いま、ジェイコブス的な転換をおこなわなければ、都市における社会的不安定性、文化的俗悪は、不可逆的な被害を私たちに与えることになることは間違いないであろう。

第4章　学校教育を考える

教育は、人間が人間として生きているということをもっとも鮮明にあらわすものである。一人一人の人間にとっても、各人の置かれた先天的、歴史的、社会的条件の枠組みを超えて、知的、精神的、芸術的営みを始めとして、あらゆる人間的活動について、進歩と発展を可能にしてきたのが教育の役割である。

学校教育は、このような教育の理念を具体的なかたちで実現するためにもっとも効果的な手段である。さらに、学校教育は、社会的な観点からも重要な機能を果たす。小・中学校などのいわゆる基礎教育は、すべての子どもたちの人格的発達、社会的人間への成長をたすけるのに重要な役割を果たす。他方、大学を中心とする高等教育は、より深い知識と高い技術的、技能的能力を身につけて、職業的、専門的人間として生きて、科学、技術、芸術、文化、経済などの面での進歩に貢献することを可能にする。どちらも、一つの国、あるいは地域にとって、社会的共通資本の重要な要素である。

第1節　社会的共通資本としての教育

教育とは何か

教育とは、一人一人の子どもがもっている多様な先天的、後天的資質をできるだけ生かし、その能力をできるだけ伸ばし、発展させ、実り多い、幸福な人生をおくることができる一人の人間として成長することをたすけるものである。そのとき、ある特定の国家的、宗教的、人種的、階級的、ないしは経済的イデオロギーにもとづいて子どもを教育するようなことがあってはならない。教育の目的はあくまでも、一人一人の子どもが立派な一人の社会的人間として成長して、個人的に幸福な、そして実り多い人生をおくることができるように成長することをたすけるものだからである。

このとき、まず留意しなければならないことがある。それは、子どもたちがもっている先天的、後天的資質、能力がきわめて多様で、個性的であり、そのアスピレーション、夢もまた個性的で、多様な形態をもっていることである。子どもたちがもっている能力を単元的な尺度で測ったり、比較しようとしたり、あるいは、そのパーフォーマンスを順位づけしようとすることは、教育の目的から大きく逸脱したものであり、決しておこなってはならない。

ある子どもは、文章を読んだり、作ったりするのが得意であったり、数の計算がうまく、図形の性質を正確にとらえる能力をもっている。ある子どもは、歌を上手にうたい、絵をかくのがうまかったり、あるいはものをつくるのを得意とする。また、走るのが得意であったり、物まねが上手な子どももいる。一人一人の子どもがもっている個性的な資質を大事にし、その能力をできるだけ育てることが教育の第一次的な目的である。同時に、子どもたちが成人して、それぞれ一人の社会的人間として、充実した、幸福な人生をおくることができるような人格的諸条件を身につけるのが、教育の果たすべきもう一つの役割である。そのために、教育は、個別的な家庭、あるいは地域的ないしは階級的にせまく限定された場ではなく、できるだけひろく、多様な社会的、経済的、文化的背景をもった数多くの子どもたちが一緒に学び、遊ぶことができるような場でおこなわれることが望ましいわけである。したがって、学校教育制度が、このような教育の理念からの必然的な帰結である。じじつ、世界のほとんどの国々で学校教育制度がとられているのも、このような事情からであるといってよい。

インネイトな知識と能力

このとき、教育の本来的な目的に重要な関わりをもつ一つの人間的特質に注目する必要があるように思われる。アメリカの生んだ偉大な言語学者ノーム・チョムスキーがはじめて指摘するまで、多くの教育学者がほとんど無視してきたことである。チョムスキーの指摘はもっぱら、言語の習得に関わってなされたのであるが、数学についても、まったく同じことが言えるのである。それは、言語と数学にかんして、一人一人の子どもが本有的にもっているインネイト（innate）な知識と能力についてである。innateという言葉は、生得的、あるいは先天的、本有的などと訳されているが、ここでは、そのままインネイトとして使うことにしたい。

いうまでもなく、教育の出発点は言語の習得と数学の学習にある。人類の最初の文明が花開いたのはメソポタミアの地であるが、それは言葉を話すことと数を数えることから始まった。一人一人の子どもが人間として成長を始める最初の契機は、言葉を話すことができ、数を数えることである。学校教育も、古い言葉であるが、読み書きそろばんに始まる。

一人一人の子どもは、言葉を理解し、数学の考え方を理解する能力を生まれながらもっている。このような能力、理解力を生まれながら、インネイトなかたちでもっているわけである。しかし、学校教育にさいして、もっとも困難な問題は、このインネイトな理解力、能力が（あるいは、子どもたちが家庭や近所で学んだ後天的な理解力、能力一般についても）一人一人の子どもについて、個性的であり、千差万別であるということである。これらの個性的な特性をもつ子どもたちを、一つの教室に集めて、同時に教えなければならない。学校教育にさいして、もっとも留意しなければならない点でもある。

数学にかんするインネイトな知識

チョムスキーの指摘は、言語については比較的理解しやすいのではないかと思うので、数学の場合についてくわしく考えてみたい。数学というのは簡単にいってしまうと、数、空間、時間にかんする性質を論理的、数学的に考察するものである。しかし、数学を教えるさいにも、子どもたちが、数、空間、時間にかんしてもっている生得的な、インネイトな知識、能力が重要な役割を果たす。

子どもたちが数、空間、時間にかんしてもっているインネイトな理解力がもっとも鮮明なかたちで現われるのは、平面幾何の学習にさいしてである。つぎの三角形の合同にかんする定理の証明を例にとって、このことを説明しておきたい。

二つの辺の長さとその二辺がはさむ角がそれぞれ相等しい二つの三角形は合同であるという命題は、平面幾何で最初に出てくる定理の一つであるが、つぎのように証明する。

定理　二つの三角形を、ΔABC, $\Delta A'B'C'$ とし、

$$\overline{AB} = \overline{A'B'},\quad \overline{AC} = \overline{A'C'},\quad \angle A = \angle A'$$

と仮定すれば、二つの三角形 ΔABC, $\Delta A'B'C'$ は合同になる。

証明　まず、三角形 ΔABC の一つの頂点 A をもう一つの三角形 $\Delta A'B'C'$ の対応する頂点 A' に移動し、辺 AB と辺 $A'B'$ を一致させる。このとき、

$$\overline{AB} = \overline{A'B'}$$

と仮定しているから、ΔABC の頂点 B は $\Delta A'B'C'$ の頂点 B' と一致する。

また、

$$\angle A = \angle A'$$

と仮定しているから、辺 AC と辺 $A'C'$ は一致し、しかも、

$$\overline{AC} = \overline{A'C'}$$

という仮定から、頂点 C と頂点 C' は同じ点になる。

したがって、二つの三角形 ΔABC, $\Delta A'B'C'$ は完全に一致することが分かる。すなわち、二つの三角形 ΔABC, $\Delta A'B'C'$ は合同となることが証明された。

この証明では、図形を移動したときに、その長さは変わらないという性質を暗黙裡に使って

いる。より正確にいうと、運動によって二つの点の間の距離が不変に保たれるという性質であるが、子どもたちは直観的にこのことを正確に理解している。しかし、平面幾何を教えるさいには、このことについては、決してふれないようにしなければならない。

教育の目的の一つは、子どもたちのもっているインネイトな理解力という蕾《つぼみ》に適当な刺激を与えて、大きく育てて、立派な花を咲かせることである。しかし、子どもたちのもっているインネイトな理解力は、花の蕾、木の芽のように繊細なものであって、決して乱暴に取り扱ってはいけない。自然に大きくなるのを待たなければならない。

運動によって二つの点の間の長さが不変に保たれるということは、かなりむずかしいことを意味する。まず、二つの点の間の距離という概念を明確にしなければならない。数学の言葉を使えば、平面幾何で考えている空間は二次元のユークリッド空間であって、二点間の距離はピタゴラスの定理によって与えられる。また、運動というのは、この二次元のユークリッド空間における線形変換で、平行移動と直行変換を組み合わせたものを指す。したがって、運動によって、任意の二点間の距離が不変に保たれる。しかし、このような理解は、十九世紀になって、いわゆる現代数学の展開にともなって深められたもので、子どもたちが平面幾何を学ぶときにはまったく必要ないだけでなく、むしろ逆に、空間の性質を明らかにするという数学本来の機能の学習を阻害しかねない。幾何を教えるというときには、子どもたちのもっている生得的、インネイトな知識、能力をできるだけ大事にして、それぞれ、後天的に獲得してきた知識、能力を充分に生かすような配慮が必要になる。

このことは、数学だけでなく、言葉を修得する過程にも、さらに教育一般について、そのまま適用される。教育は究極的には、すべての人間的営為について、一人一人の子どもがもっている生得的、インネイトな知識、能力と後天的に獲得してきた知識、能力をできるだけ大事にして、それを育てることによって、知的、身体的、感性的発達をうながし、一人の社会的人間として大きく成長することをたすけようとする。一人一人の子どもがもっている知性、感性の蕾に適切な刺激を与え、養分を供給して、大きな花として開花できるようにしようとするものである。しかし、一人一人の子どもがもっている、この知性の蕾はきわめてデリケートで、こわれやすい。しかし、日本の現行の学校教育制度は、一人一人の子どもがもっている知性、感性の蕾のデリカシーに対する適切な配慮を欠き、数多くの子どもたちの心を傷つけ、その身体を蝕んできたといわざるを得ない。そして、日本の社会は、この学校教育制度の必然的な帰結として、文化的、社会的、そして人間的観点からきわめて殺伐な、俗悪なものとなってしまったのである。

第2節　デューイとリベラル派の教育理論

デューイの教育理論

学校教育は、このような教育の理念を具体的なかたちで実現するためにもっとも効果的な手段である。しかし、学校教育はさらに、社会的な観点からも重要な機能を果たす。この点にとくに注目して、学校教育の本質について深い洞察をもってするどい分析を展開したのが、ジョン・デューイだったのである。デューイの考え方はいわゆるリベラリズムの立場に立つものであるが、現在にいたるまで、教育の問題について基本的な視点を与えている。たしかに、日本とアメリカとでは、学校教育の制度がかなり異なった性格をもっていて、共通の視点から論ずることのできない面が多い。しかし、デューイの考え方から現在なお、私たちは多くのことを学ぶことができる。

ジョン・デューイはその古典的名著『民主主義と教育』のなかで、学校教育制度が三つの機能を果たしていると考えた。社会的統合、平等、人格的発達である。

学校教育の果たす第一の機能として、デューイが取り上げているのは、社会的統合ということである。若い人々を教育して、社会が必要とする経済的、政治的、文化的役割を果たすことができるような社会人としての人間的成長を可能にしようとすることである。学校教育が果たす役割は、「子どもたちの一人一人が、生まれついた社会的集団の枠から逃れて、もっと広い環境に積極的にふれる機会を与えるように配慮することである」(デューイ『民主主義と教育』松野安男訳、岩波文庫、一九七五年)。

第二の機能は、平等に関わるものである。

学校教育は、社会的、経済的体制が必然的に生み出す不平等を効果的に是正するというのが、デューイの主張しようとしたところであった。学校教育が、このように、機会の平等化をもたらし、社会、経済体制の矛盾を相殺する役割を果たすということは、リベラル派の教育思想家たちだけでなく、現場の教師の人々の多くが信念としてもっている信条でもある。リベラル派の人のなかには、学校教育が機会の平等だけでなく、結果としての平等をも実現すると信じている人々も多い。学校教育の果たす、このような機能を、デューイは、平等主義的機能と呼んだのである。

デューイの強調した第三の機能は、個人の精神的、道徳的な発達をうながすという教育の果たす重要な役割であって、人格的発達の機能とも呼ばれるべきものである。一人一人の子どもたちは、それぞれ異なった、身体的、知的、情緒的、審美的な潜在能力をもっている。教育によってこれらの潜在能力をどのような方向に、どのような強度で発達させることができるかということについてもそれぞれ異なった面をもつ。

学校教育のパフォーマンスは、社会的統合、平等主義、人格的発達という、三つの機能について、一人一人の子どもたちにどれだけの効果を与えることができるかということによってはかられる。しかし、それは決して、単一的な尺度をもってはかることのできないものであって、きわめて個性的なものであるということを指摘しておきたい。

学校教育と社会体制

学校教育が果たしている、社会的統合、平等主義、人格的発達という三つの機能は、社会体制の基本的前提と密接な関わりをもつ。この点について、デューイによって代表されるリベラリズムの立場は、資本主義という社会、経済体制について、政治面における民主主義とならんで、基本的に肯定的な立場にたって、議論を進める。

デューイは、資本主義社会におけるさまざまな職業的選択が、学校教育によって可能となった人格的発達と不可分の関係にあると考えた。別の言葉でいえば、資本主義社会における職業的ヒエラルキーと、学校教育を通じて得られた人格的発達とが調和的な関係をもつと考えた。デューイが提示したリベラルな学校教育制度の考え方は、もう一つの意味における平等主義の理念の実現を必要とする。すなわち、どんな僻地に生まれても、またどんな家庭で育っても、すべての子どもが、そのときどきの社会が供給できる最善の学校教育を受けることができるような制度的配慮がなされるべきであるということである。デューイは、この平等主義的な立場から、無償の公立学校制度によって、人種、民族的な差別、あるいは経済的、社会的階級、さらには男女の差別を相殺すべきであると考えた。このように、資本主義社会のなかで、教育の果たす三つの機能が整合的に働くというのが、リベラリズムの基本的な考え方でもある。

デューイはこのように、アメリカにおける社会的制度が、資本主義と政治的民主主義によって規定され、そのなかで、学校教育の果たす三つの機能が完全に働くことができるような条件が備わっていると考えたのであった。

ジョン・デューイの教育理念は、二十世紀前半を通じて、アメリカのリベラリズムの考え方に沿った学校教育制度の基本的性格を規定していったといってもよい。しかし、ヴェトナム戦争を契機として起こったアメリカ社会の倫理的崩壊、社会的混乱によって、デューイの教育理念にもとづく公立学校を中心とするアメリカの学校教育制度もまた大きく変質せざるを得なかった。デューイの掲げた平等主義的な教育理念にもとづいてつくり出されたアメリカの学校教育制度が、現実の非人間的、収奪的状況のもとで、逆にアメリカ社会のもつ社会的矛盾、経済的不平等、文化的俗悪さをそのまま反映し、拡大再生産する社会的装置としての役割を果たすことになってしまったのである。

ボウルズ＝ギンタスの対応原理

デューイの考え方は、二十世紀前半を通じて、リベラリズムの立場にたった教育理論の基礎を形づくってきた。しかし、一九六〇年代に入ってから、アメリカ社会は、ヴェトナム戦争、人種問題、都市問題に代表されるように、大きな地殻変動を経験することになった。リベラリズムの教育理論もまた、デューイの理想主義から大きく後退することになった。

一九六〇年代の、このような状況を前にして、リベラリズムの教育理念に対して、大きな修正が加えられることになった。デューイの掲げた教育の三大理念は、依然として有効なものとされているが、学校教育が労働の生産性に及ぼす効果がもっとも重要視されるようになってきた。これは、専門技術主義＝能力主義の考え方（Technocratic＝Meritocratic School）と呼ばれるものであって、学校教育の経済学的考察をおこなうときにもっとも基本的な考え方の一つとなっている。専門技術主義＝能力主義は、資本主義制度のもとでは、各人がどのような所得、権力、地位を得るかということが、それぞれ個人のもっている知的、身体的、その他の能力によって決まってくるという考え方にもとづいている。学校教育は、子どもたちの知的、身体的、その他の能力を育て、発達させるものであって、その効果は、学校教育を終えた若者たちが、どのような職業につき、どのような経済的、社会的報酬を得るかということに反映されている。学校教育を通じて、認知能力、思考能力が発達し、個人の人格的発達を可能とすることによって、卒業してから、資本主義社会のもとでの、雇用、報酬、権力配分の制度に適切に組み込まれるようになっているというのが、専門技術主義＝能力主義の立場である。

この考え方にたつとき、資本主義制度のもとでは、所得、権力、地位の分配の不平等は、労働者の知的、技術的、身体的能力の不平等にもとづくものとされる。したがって、資本主義社会における貧困、不平等の問題を解決するためには、学校教育の機会を平等化することがまず必要となると考えたのであった。じじつ、一九六〇年代に、アメリカで、教育制度の改革や新しい実験が数多く試みられたが、それは、一九六〇年代とくに顕在化した、アメリカ社会の貧困と不平等の問題に対処するためにとられたものであった。

しかし、このような専門技術主義＝能力主義の考え方は必ずしも統計的な分析によって支持されるものではない。とくに学歴の高さと経済的成功の間の統計的相関はあまり高くないということがわかっている。サミュエル・ボウルズとハーバート・ギンタスの『アメリカ資本主義と学校教育』(*Schooling in Capitalist America——Educational Reform and the Contradictions of Economic Life*, Basic Books, 1976. 宇沢弘文訳、岩波書店、一九八六—八七年)にくわしく述べられている通りである。学齢年数が高ければ高いほど、IQ得点ではかった認知的知能到達度は高くなる傾向を示す。しかし、認知的知能到達度が高いということが、経済的成功を収めるという結果を生み出すとはかぎらない。学校教育と経済的成功との相関関係は、認知的知能到達度とは直接関係なく、経済的成功に大きく寄与するのは、学校教育の果たす統合機能の役割であるということができよう。

学校教育とIQ指数

ここで、学校教育と経済的成功との相関関係との関連で、IQ指数の果たす役割にふれておかなければならないであろう。

一九六〇年代初頭に、アメリカで試みられた教育改革の主な目的は、教育の機会を均等化することによって、社会的、経済的、ないしは文化的格差をなくそうということであった。そのために低所得者階層の子どもたちにさまざまなかたちでの補償教育がおこなわれた。アメリカの教育省は、一九六六年、四千の小・中学校について、六十万人の生徒を対象として、大規模な調査をおこなった。その詳細な分析は、一九六八年コールマン報告として発表された。コールマン報告の主要な結論は、一九六〇年代におこなわれた、教育の不平等を是正するためにおこなわれた財政的な再分配政策が、意図された結果を生み出さなかったということを説得的に示したのであった。

この、コールマン報告を受けて、一九七二年には、ジェンクスを中心とした社会学者たちによる『不平等――アメリカにおける家族と学校教育の効果にかんする再評価』が発表されて、リベラル派の教育改革がまったく空しい効果しか生み出さなかったということが強調された。この思想的流れはやがて、アーサー・ジェンセンの主張に結晶されていった。ジェンセンの主張は、経済的、社会的不平等は、遺伝学的に決まってくるIQ格差にもとづくもので、この遺伝学的特性は学校教育によって変えることはできないという考え方にもとづいている。この考え方はさらに、心理学者リチャード・ハーンシュタインによって拡大、発展させられていった。経済的、社会的分布は主としてIQの分布によって決まってきて、IQは高い遺伝性向をもち、社会的、経済的特性もまた、一つの世代からつぎの世代へと、遺伝的に継承されてゆくという主張がハーンシュタインによって展開されたのであった。

この、ＩＱ学派の主張に対して、その統計的誤謬を明らかにし、その理論的根拠の薄弱さを指摘したのが、ボウルズ＝ネルソン論文であった。

ＩＱ学派は、社会的、経済的背景が高くなれば高くなるほど、ＩＱは高くなり、したがって経済的成功の可能性も高くなるという命題にもとづいて、議論が展開されてきた。この主張に対して、ボウルズ＝ネルソンは、つぎの命題を証明することによって、ＩＱ学派の論拠を否定する。すなわち、経済的成功の度合いが平均して、親から子どもに伝えられるという傾向は、親から受けついだＩＱ指数とはほぼ完全に無関係となるという命題である。したがって、社会経済的背景が相異なる二つの集団について、たとえＩＱが完全に一致したとしても、経済的地位は平均して、親から子どもに受けつがれる傾向をもつ。

さらに、経済的不平等が世代間に受けつがれるということは、ＩＱを通じて作用する遺伝的メカニズムとまったく統計的関連をもたないということも示すことができる。

学校教育と平等化機能

学校教育がはたして、平等化の機能を果たしてきたかというと、少なくともアメリカの学校教育の場合、答えは否である。ボウルズ＝ネルソンの研究から、統計的観察を要約しておこう。これは、一九六二年におこなわれたアメリカの国勢調査の人口サーベイにもとづいて得られた結果であるが、子どものＩＱ指数が同じでも、学歴は、社会的背景によってほぼ決定的に決まってくるという結果である。

しかし、家族の社会経済的背景が高い子どもの方が平均して学業成績が高いということは、統計的考察からも、また一般的にも妥当すると考えられるから、家族の社会経済的背景による学歴の差違ということは、学業成績の格差にもとづくものではないだろうか。この疑問に対して、否定的な推論をすることができる。六～八歳時のＩＱ得点が同じでも、両親の社会経済的背景が高いときには、低いときの子どもに比べてはるかに高い教育水準が期待でき、両親の社会経済的背景による就学年数の格差のうち、社会階級間のＩＱ格差によって説明されるのはごく一部にすぎないということがわかる。

もちろん、就学年数の不平等も、学校教育全体の不平等のごく一部分にすぎない。とくに、日本の場合のように、学校間の格差が著しいときには、学校教育の不平等は、就学年数の差違をはるかに超えたものとなっている。

学校教育は、社会的、経済的な不平等を解決する方向に働いているのではなく、逆に不平等を拡大化しているということは、すでに疑いの余地はないよう思われる。

さらに進んで、たとえ、学校教育が平等化の方向に進んでいたとしても、経済的平等化を促進するものではないという統計的な事実も存在する。この点についてもっとも広範な視点からくわしい研究を展開してきたのが、ジェイコブ・ミンサーである。ミンサーはもともと、専門技術主義＝能力主義の立場にたつ経済学者であるが、アメリカにおける学校教育が、所得分布に及ぼす影響を統計的に調査した結果、期待とはまったく反する結論に到達したのであった。

学校教育と法人資本主義

専門技術主義＝能力主義の考え方は、産業資本主義体制のもとで、かなり説得力をもつ。高度に発展した技術を基礎に置く近代的産業の生産技術は、知的な教育を受けた人々によってはじめて効果的に機能する。経済活動の発展のためには、労働力全体としての知的な水準が高くならなければならない。学校教育は、これまで、ごく少数の特権階級だけが享受することのできた教育を、一般大衆にひろく開放し、近代的産業社会がもたらす利益を万人のものとするという、すぐれて平等主義的な思想が、その背後に存在している。

アメリカでは一九六〇年代を通じてリベラル派の教育理論にもとづく教育制度の改革が積極

的に進められたが、いずれもほぼ完全といってよいほど失敗してしまった。そのもっとも主要な原因は、社会的統合、平等化、人格的発達という学校教育の機能が、法人資本主義という経済的、社会的体制のもとでは整合的なかたちで働くことができないということにあるというのが、ボウルズ＝ギンタスの主張するところである。

法人資本主義の体制のもとでは、社会的生産関係はヒエラルキー的分業にしたがって、官僚的秩序を通じて、上からの権限と管理の体系によって規定されている。それは、新古典派経済理論の説くような、完全競争的市場を前提とした限界生産力説にもとづくものではない。生産を担当する企業は一つの有機体的な組織として、中枢的経営・管理体系によって秩序づけられていて、その社会的関係は決して民主主義的なものではないし、また効率的なものでもない。民主主義の基本的な前提条件の一つに、人々が連帯して、相互に意思を疎通できるような制度であって、各人がそれぞれ内発的な関心と自発的な意向にもとづいて行動することができるような性向をもつということが必要とされている。しかし、法人資本主義のもとでは、このような条件はみたされない。労働者、技術者あるいは経営者自身すら、外部的な権威と市場的な基準にしたがって、各法人企業のヒエラルキー的分業に強制されているというのが実状である。学校教育を受けた青少年がどのようなかたちで雇用され、どのような環境のなかで働くかというと、このような、抑圧的な、非民主主義的なヒエラルキー的分業のなかである。法人資本主義体制のもとで、市場的な基準にしたがって、人々が雇用され、働くとき、そこには、内発的な動機にもとづいて、自らの行動を選択するということは、一般の労働者、技術者にとってはほとんど職を失うのと同じ意味をもっている。

ボウルズとギンタスが、『アメリカ資本主義と学校教育』のなかで、もっとも力を込めて主張しようとしているのは、アメリカ資本主義という典型的な法人資本主義体制のなかで、学校制度は、かつてホレース・マンがいったような「偉大な平等化装置」という役割を果たさないどころではなく、逆に、法人資本主義体制のもとにおけるヒエラルキー的分業のもつ、非民主的、抑圧的な性向をいっそうつよめるという機能すら果たしているということである。「(学校)教育制度は、経済の社会的関係との対応を通じて、経済的不平等を再生産し、人格的発達を歪めるという役割を果たしている」(ボウルズ＝ギンタス『アメリカ資本主義と学校教育』第I巻、八六頁)。

経済の社会的関係を規定する法人資本主義という制度そのものの改革には直接ふれないで、教育制度だけを改革しようというリベラリズムの立場は、このような視点からみるとき、まったく意味のないものとなってしまう。ボウルズ＝ギンタスは、アメリカにおけるリベラル派の教育改革の試みがこれまですべて失敗してしまったのは、アメリカ資本主義体制という抑圧的な政治、経済、社会制度の基本的矛盾に気づかなかったからだという。

しかし、教育機会の均等化を求めて、大きな波のような運動が、世界の多くの国々で起こっている。アメリカで試みられた、オープン・クラスルーム、あるいはフリースクールなどの運動が、学校が真の意味で、人格的発達をたすけ、人間解放の可能性を大きく開くものであるということを、ボウルズ＝ギンタスは否定するものではない。ボウルズ＝ギンタスは、つぎのことは確信をもっていえるという。「抑圧、個人の無力化、所得の不平等、機会の不均等は歴史的にみて、教育制度に起因するものではないし、不平等で、抑圧的な今日の学校から生みだされたものではない。抑圧と不平等の根源は、資本主義経済の構造と機能のなかにある。この点に、社会主義の国々をも含めて現代の経済体制を特徴づけるものがあって、人々が経済的生活の管理に参加することを不可能にしている」（同、八七―八八頁）。

第3節　ヴェブレンの大学論

ヴェブレンの大学論

以上、主として、ボウルズ＝ギンタスが『アメリカ資本主義と学校教育』のなかで展開した考え方を中心として、学校教育と社会体制の間にどのような関係が存在するのかという問題を考察してきた。ボウルズ＝ギンタス理論は一種の対応原理ともいうべき性格をもち、アメリカ資本主義に代表されるような、抑圧的で、非民主的な法人資本主義体制のもとでの、リベラル派の教育改革の試みは必然的に失敗せざるをえないという結論を導き出していった。

リベラル派の教育理論に対して、その基礎づけをおこなったのはジョン・デューイであるということはさきに述べた通りである。デューイは、草創期のシカゴ大学にあって、アメリカの教育学を代表する学者であったが、アメリカにおける民主主義的政治体制と資本主義的な経済制度とが調和して、一つのユートピア的社会を形成しうるという信念をもっていた。

アメリカ資本主義の性格と、そこにおける学校教育の性向とに対して、デューイとはまったく対照的な視点にたって理論を組み立てていったのが、同じシカゴ大学の同僚であったソースティン・ヴェブレンである。

ヴェブレンの論点はもっぱら、大学に向けられていた。ヴェブレンの大学論は、一九一六年に刊行された『アメリカにおける高等教育』（*The Higher Learning in America*）に述べられている。この書物は、*A Memorandum on the Conduct of Universities by Business Men* という副題がつけられている。

ヴェブレンはまず、近代社会において、大学はどのように位置づけられるかということを明らかにすることから始める。

文明社会はいずれも、どのような「真理」としての知識――ヴェブレンは、エソテリック（esoteric）な知識という表現を用いるのであるが――を蓄積しているかということによってその社会を特徴づけられる。この「真理」としての知識がどのような内容をもつものであるか、またどのような人々によって維持され、新しく蓄積されているかということは、異なる文明社会についてそれぞれ異なった形態をもつ。しかし、どのような文明社会についても、共通した点がある。それは、科学者、学者、賢者、神官、牧師、僧侶、医者などという専門家、あるいはその道の達人ともいうべき人々からなる選ばれた集団の恒久的な維持という形態をとっていることである。

この、「真理」としての知識は、物質的ないしは現実的にはなんらの価値をもたらさないのが一般的であって、それ自体として固有の価値をもつ。それは、宗教、魔術、神話、哲学、あるいは科学の体系として形づくられていることが多い。どのような形態をとるにせよ、一つの文明社会の中核的な存在として、その文明社会の特質と性格とを象徴するものとなっている。

この、「真理」としての知識は、文明社会にとって、もっとも基本的な真理であり、永遠に真実であると思われているものを体系化したものであって、この「真理」としての知識を蓄積し、維持する専門家の組織は、どの文明社会においても、もっとも聖なるものとされている。この組織を構成する専門家たちは、絶えず「真理」としての知識を追求し、その蓄積と維持に、その全生涯を捧げることを全般的な目的とするが、きわめて厳格なかたちでの分業と専門化とがおこなわれるようになっているのが一般的である。

近代文明社会、とくに西欧諸国における大学もまた、このような流れのなかに位置づけられる。その範囲、方法は他の文明社会と異なったものであることはいうまでもないが、基本的に同じような資質と能力とが必要とされ、知識を求めるという、人間本来の性向がある特定の方向に特化したものであるという点で、他の文明社会の場合とまったく変わらない特質を備えている。

この特質は、二つの面をもっていて、文明社会におけるエソテリックな知識の蓄積と維持を担当する専門家集団を特徴づけるものとなっている。ヴェブレンは、Idle Curiosity と Instinct of Workmanship という特異な表現を用いて、この、人間固有の本能的な特性をあらわしている。人間は本能的に、知識を求め、それを高く評価する。Idle Curiosity というのは、知識そのものを求めるのであって、知識によってもたらされる物質的、世俗的有用性を求めるものではないということが強調されている。適切な訳語がないまま、差し当たっては「自由な知識欲」とでもしておこう。Instinct of Workmanship という言葉もまた、ヴェブレンの経済思想において中心的な概念の一つであるが、技術者、職人、労働者が常に、ものをつくるという立場から最良の生産技術、原材料、生産工程を選ぼうとする本能的性向を意味する。しかし、この、本能的性向は、現実の社会では利潤追求などという外的条件によって支配されて、実現不可能なことが多く、ヴェブレンはそこに、労働者の自己疎外を惹き起こすもっとも重要な原因をみたのであった。この言葉もまた適切な訳語が見当たらない。普通「製作本能」と訳されているが、ここでは「職人気質《かたぎ》」という表現を用いることにしよう。

大学は、この二つの本能的性向にもとづいて、ひたすら知識を求める場として、一つの文明社会の中枢的地位を占めるものである。大学の場でもっとも重要な役割を果たすのは技術である。とくに、産業革命以降、エソテリックな知識の蓄積は、産業技術の適用によってはじめて可能となり、また産業技術の発展は、大学におけるエソテリックな知識の蓄積によってはじめて可能となるという面ももっている。

近代技術は、客観的かつ即物的な性格をもち、きわめて固定的な側面をもつ。機械過程を中心とする近代技術は、産業レベルで中心的な役割を果たすが、それを実際に担当するのは、法人化された企業である。大学で蓄積されるエソテリックな知識と、法人企業によって求められる知識、技術とは、その動機は異なっていても、本質的な共通の性格をもっている。しかし、法人企業のなかで働く人々は、自らのもつ「職人気質」と利潤追求の経営的要請との間で常に矛盾、緊張関係を形成する。

しかし、大学が、法人資本主義体制のなかにおける一つの制度として存在し、維持されている以上、大学の運営もまた、利潤追求という、資本主義の至上目的の支配下におかれるという危険を常にもっている。

大学はこのように、一つの文明社会において、その象徴的な存在として、エソテリックな知識の蓄積を、自由な知識欲と職人気質という、二つの人間的本能にもとづいて追求する場である。しかし、大学はいわゆる高等教育の一部分を形成するにすぎない。高等教育というとき、二つのまったく異質な行為から構成されている。一つは、学問の研究、科学的探求であり、もう一つは、学生の教育である。第一の、学問の研究ということが大学にとって第一義的な意味をもつことはいうまでもないことである。第二の、学生の教育は、副次的な意味をもつにすぎないが、大学の活動において不可欠となることが多い。それは、学生の教育を通じて、研究の質と成果が大きく影響されるからであるが、学生の教育ということはあくまでも、副次的な重要性しかもたないということは改めて強調しておきたい。大学における第一の機能によって、大学は、他の教育機関と本質的に異なるものとなる。知識の探求、他の実利的、実用的な目的からまったく独立して、知識の探求のみをおこなう場として、大学の本来の存在理由がある。このような大学の目的から、大学人の行動様式、習慣、基本的性向にかんしておのずからある共通のパターンが生み出されることになる。それは、学問研究が、自由な精神にもとづいて、しかも科学技術的に最新の知識を用いておこなわれるような環境のもとではじめて実現可能となるものだからである。そこには、大学以外の教育機関にみられるような規律、規則の類いは存在する余地はない。

ところが、アメリカの諸大学では、法人企業において支配的な基準を大学に持ち込もうとしている。知識が金銭的利益をどれだけもたらすか、という市場的基準が導入され、大学における研究者は、有用な知識をどれだけ生産したか、学生を何人教育したかという外的な基準にしたがって評価される。大学自体も、利潤最大化という企業的制約条件のもとで経営されることになる。ヴェブレンの書物の副題が示すように、法人資本主義における支配的な利潤論理が適用され、大学という聖なる組織が、ビジネスマンという俗世界の人々によって管理され、運営されることになった。そこには、法人資本主義の抑圧的、非民主主義的なヒエラルキーの論理が中枢を占めるようになり、自由な知識欲と職人気質は跡形もなく消え失せてしまうことになるであろうと、ヴェブレンは嘆いたのである。

大学の自由

今、世界の大学人が共通してもっている問題意識は、政府からの圧力に対して、大学の自由(Academic Freedom)をいかに守るかということである。これは、国立大学はもちろんのこと、私立大学も、国からの財政的援助に対する依存度がきわめて大きくなってきたことに起因する。もともと、大学は、重要な社会的共通資本として、一国の文化的水準の高さをあらわす象徴的な意味をもち、その国の将来の方向を大きく規定するものである。このとき、国(Nation)の統治的な機構としての政府(State)からの力に対して、大学の自由をどのようにして守るかということが重要な課題となる。

大学の自由というとき、教授の人事、研究の自由、講義、カリキュラムの自主的決定、入学者の選抜方法、基準の自主性などがあげられる。しかし、大学が財政的に国あるいは外部の組織に大きく依存せざるを得ないとき、これらの自主性をどのようにして維持するかということが重要な課題となるわけである。

もっとも大きな関心がもたれるのは、科学研究の規模が巨大化し、そのために必要な研究者の数も飛躍的に大きくなり、研究施設の規模もかつては考えられないほど巨大化し、そのために必要な経費が天文学的な額に上ろうとしている現在、いかにして、大学の自主性、内発性を喪失することなく、創造的、先端的研究がおこなわれるような環境をつくっていったらよいか、という問題である。このような研究のために必要な資金は、大学自体の負担で調達することはもはや不可能であって、国あるいは企業からの資金が大量に投入されなければならない。しかし、このような資金の導入によって、大学の自由が阻害されるとき、自由な研究をおこなういる雰囲気がこわされ、真の意味における独創的な研究を期待することは困難となってしまう。

イギリスの大学制度

この問題にかんして、イギリスの大学の歴史は私たちに貴重な教訓を与える。周知のように、イギリスの大学制度は、ユニバーシティ・グラント・コミッティ（University Grants Committee）と呼ばれる組織を中心として運営されてきた。UGCは一九一九年、政府によって設立されたもので、かつては大蔵省の直接管轄下に置かれていた。UGCは、大蔵省から大学全体の予算（ランプサム、Lump Sum）を受け取り、それを各大学に配分するという機能を果たしていた。各大学は、それぞれその予算を、自由に各大学における研究、教育のため使うことができた。UGCの主要な目的は、大学全体を代表して、政府と国民に対して、大学の置かれた立場をつよく主張するという役割を果たすもので、決して、政府の立場なり考え方を大学に伝えようという性格のものではなかった。UGCはわずか十二名のスタッフをもって出発したのであって、各大学がその予算をどのように使うかということについて介入することはなかった。イギリスの大学では、かつて「政府は金は出すが、口は出さない」というモットーが、大学のあり方を象徴していた時代もあった。

また、イギリスの大学制度自体に、大学の自由を守るための制度的安全弁がもうけられていた。ケムブリッジ、オックスフォードというプライマシーの役割を果たす大学について、大学を具体的に構成していたのは、カレッジである。

よき時代のケムブリッジ大学

たとえば、ケムブリッジ大学を例にとってみると、ケムブリッジ大学は、約二十八のカレッジから構成されていた。Trinity, Kings, Queens などという歴史的なカレッジが中心であったが、新しくできた、名前のあまり知られていないカレッジもある。ケムブリッジ大学は、国からの予算で運営されているが、各カレッジは、私立の組織で、私的な性格をもつ資金によって運営されている。カレッジは、二、三の例外をのぞいては、全寮制の四年制の「学館」であって、学生たちは、各カレッジで寝泊まりして、講義を聞きに、大学に通うわけである。大学は、UGCからの予算でまかなわれるという点では、国立であるが、上に述べたように、政府からの干渉は一切なかった。

カレッジはそれぞれ、かなり豊かな基金をもっていて、人事的にも、財政的にも完全に独立した組織であった。カレッジは、法的には、フェロー（Fellow）の集団が所有していて、カレッジにかかわることがらはすべて管理、運営していた。フェローは原則として、カレッジで寝泊まりするか、あるいは近くに住居を構えるかして、常にカレッジの日常に関わっていた。カレッジの財政、経理の担当者は、バーサー(Bursar)といって、マスター(Master)についで、責任あるポストであった。ちなみに、ケインズはキングズ・カレッジのバーサーであった。ケインズのあとを継いでキングズのバーサーになったのはリチャード・カーンである。各カレッジは、カレッジに名画をかかげることと名ワインを揃えることを競っていた。それぞれ、Hanging Committee と Cellars Committee が担当していて、フェローのなかでも、かなりシニアな人たちが委員になっていた。

フェローの大部分は、大学で講義をもっていたが、そうでない人もいた。各フェローの収入は、大学とカレッジとから合わせて、それぞれ「ふさわしい」額になるようにカレッジが調整していた。カレッジからの収入は、Dividends(配当)とよばれていた。これは、もともと、カレッジの収入は、その基金の投資に対する配当、利益からなっていたからである。ちなみに、私のいたカレッジの基金は、かつての英領植民地ローデシアにおける投資が中心で、ロスチャイルド家に管理が委任されていた。

学生の入学は、各カレッジが、それぞれ独自の方法によって、独自の判断にもとづいて決められていた。カレッジへの入学を許されると、自動的にケムブリッジ大学の学生となる。私がいたころには(一九六〇年代の半ば頃)、非常にいい政府の奨学金制度があった。家の収入が少ない学生には、大学の授業料とカレッジの宿泊費(Room & Board)が全額支給されていた。多くなるにつれて減額され、ある水準以上になると、奨学金はもらえなくなるという制度であった。もちろん、返還する必要はなかった。カレッジのRoom & Boardはかなりの高額になるので、この奨学金制度のもつ意味は大きかった。

学生の入学を各カレッジが独自の方法、基準によって決めていることの意味もまた大きかった。私のいたカレッジでは、学生の入学はもっぱら、シニア・チューター(Senior Tutor)がほとんど一人で決めていた。シニア・チューターというのは、文字どおり、マスター、バーサーに次ぐシニアな人がなっていた。当時のシニア・チューターだった人もたいへんな学者で、かなり年配の方であったが、それこそ一年中、ほとんど休む暇もないほど、イギリス中を飛び回っていた。それは、カレッジに入学を希望している生徒がいると、その生徒の家を訪ねていって、本人や家族の人たちに会ったり、またその生徒の学校に行って、先生たちから直接話を聞いたり、その生徒の友人たちと一緒にお茶を飲んだりするのであった。そして、その生徒が、カレッジの学生になったとき、本人の人間的、人格的成長にどれだけプラスになるか、をいろいろな角度から考える。さらに、カレッジの立場にたって、その生徒がカレッジのイメージにふさわしいか、どうかを判断した上で、カレッジへの入学を認めるか、どうかを決めるのであである。この、学生の入学にかんするシニア・チューターの仕事は、神経を使う、たいへんなものであった。

私は、シニア・チューターとよく、カレッジの晩餐の席で隣りになったり、二人だけで食事したりすることがあった。そのたびに、かれは、その前日、あるいはその日に、どんな生徒に会って、どんな所にいったかをくわしく話をしていた。かれは、おそらく、自分自身の判断に対して、絶えず同僚の同意なり、あるいは批判なりを求めていたのではないかと思う。

シニア・チューターは、すぐれた業績をあげた物理学者で、すばらしい人柄の持ち主だった。老齢にもかかわらず、カレッジのため、学生のために、心血を注いでいる姿は崇高であった。フェローたちがシニア・チューターに対してもっている信頼感は絶大なものがあった。学生の入学にかんするシニア・チューターの判断に異を唱えるものは一人もいなかったのである。

カレッジの学生は、講義を聞きに大学に通うのが、建前であるが、みんなあまり、熱心ではなかった。とくに、社会科学や人文科学の分野では、大学の講義は、大教室でおこなわれ、フォーマルなものが多く、内容も新しいものはなかった。学期末の試験さえ受かれば、卒業できるということもあって、大部分の学生は、自分の部屋や図書室で本を読んでいた。午後になると、カレッジの芝生で、仲間同士で軽いラグビーに興じたり、あるいは、カム河にボートを漕ぎに出かけたりして、遊んでいた。夕方になると、カレッジのコモンズに集まって、みんなでビールを飲むのが日課であった。

カレッジの学生は、毎週一回、チューターのフェローに会って、勉強のことを中心に一時間ほど話をすることになっていた。毎回、宿題のようなものをもらって、かんたんなペーパーにまとめて出して、チューターがそれにコメントしたり、新しい宿題を出したりしていたようである。じつは、私は、大学の経済学部の大学院の学生を何人か、面倒をみることになっていて、カレッジの学生のチューターをしていなかった。それでも、コモンズで、学生とビールを飲むのにはつき合っていた。学生たちの話で、とくに印象にのこっていることがある。

ケムブリッジをトップで卒業する学生の大部分は、パブリック・スクールの先生になるという。少し成績が落ちる学生は、研究者を志すか、公務員を志望する。いちばん成績の悪い学生は銀行に行くという。そして、かれらにとって、人生の最高の夢は、イートンとか、ラグビーという名門のパブリック・スクールのマスター、つまり校長になることだという。

私がいたケムブリッジ大学のカレッジは、ほとんど大学の理想像に近いものであった。それからずっとのちになって、社会的共通資本としての大学のあり方を考えるとき、私が心のなかに描いていたのはいつも、このカレッジのイメージであった。

しかし、私が日本に帰るか、ケムブリッジに残るかという選択を迫られたとき、そのカレッジがもっていた——というよりはイギリスの大学一般がといった方が的確かもしれないが——二つのことがあって、私にはどうしてもケムブリッジに残るという選択をすることができなかったのである。

第一は、カレッジの自由で、闊達な、アカデミックな雰囲気を支えていたのは、その潤沢な基金からの配当であるということであった。それは大部分、かつての英領植民地ローデシアにおける投資からなっていた。イギリスの植民地支配は、人類の長い植民地の歴史のなかでも、きわ立って残虐、陰惨なものであって、人間を徹底的に搾取し、自然を破壊しつくした。その搾取と破壊を考えざるを得なかったからである。

第二は、カレッジのフェローたちの大部分がもっていた、エリザベス女王の騎士として、大英帝国を守っているという意識であった。イギリス王室——というよりエリザベス女王といった方が正確かもしれない——に対して、ほとんど仲間という感じに近い親近感をもっていて、自分たちがエリザベス女王を守って、大英帝国の栄華と繁栄を支えているのだという意識は、フェローたちの言葉の端々に出てくるのであった。

イギリスの大学制度の改変

一九六八年、UGCは大蔵省から教育・科学省に移管されることになって、イギリスの大学はまったく新しい環境に置かれることになった。教育・科学省が、大学における予算配分の過程に対して細部にわたって監督するようになり、同時に、大学における研究、教育の内容にまで、専門的な立場から容喙するようになった。とくにサッチャー政権となって、大学関係の予算を大幅に削減するという暴挙に出てから、大きく変質しはじめ、かつての、自由で、闊達な雰囲気が失われてしまった大学が多くなったという。この現象はまた、ロビンズ報告によって打ち出された大学の大衆化、効率化という大きな流れのなかで、必然的に起こってきたことであるということもできよう。

自然科学、人文科学、社会科学の多くの分野で、イギリスの大学は、独創的、進取的な研究を数多く生み出してきた。そのもっとも大きな原動力は、イギリスの大学のもっていた、この自由、余裕であったことを考えるとき、イギリスの大学の退廃は、イギリスの文化全般にわたって暗い影を投げかけるものであるように思われる。ひるがえって、日本の大学の現状はどうなっているのであろうか。

新しい学制が発足したのは一九四七年のことである。当時一高の校長であった天野貞祐先生は、新学制移行に反対して校長を辞められた。そのとき、全校生徒を倫理講堂に集めて、辞任のあいさつをされた。占領軍の命令による新学制への移行は、旧制高等学校の廃止をともない、日本の社会的、歴史的条件を無視したものであり、日本の将来を危うくするものであるという天野先生の、声涙ともに下る名告辞はいまでも、私の耳に鮮やかに残っている。自分はいまここに一高校長を辞し、野に下って、カントの研究に還るという天野先生の言葉に、私たちはしんとして聞き入ったのである。ところが、私たちの感激もさめやらぬうちに、天野先生は文部大臣になり、新学制移行の名目的責任者になられた。私たちの受けた衝撃はまた大きなものがあった。天野先生が一変して文部大臣になられたことに対して、先生なりの深い考えがおありだったのだと思うが、私はいまもって釈然としないものをもつ。

新学制の理念は、教育の民主化、平等化であって、大学教育もこの流れのなかで、平準化、大衆化が進んできた。因みに、一九五〇年には、全国大学の学生総数は約二十二万五千人であったが、一九九九年には二百七十万人を超える人数に増加している。大学教員の数もこの期間に、一万五千人から十四万八千人に増えている。現在、国公立と私立とをあわせて六百を超える大学が存在しているが、この、大学の大衆化の流れのなかで、各大学がそれぞれ、学問研究の場という面と同時に、学生たちの人格形成、知識習得の場という面とをあわせもつ大学の本来的な機能を十分に発揮することができるであろうか。というよりは、これらの六百に上る大学をすべて一つの共通な大学という概念でとらえることができなくなってしまって、大学という制度がきわめて多様な目的をもち、異なった機能を果たすようになってきたということである。

かつてクラーク・カーは、マルティバーシティという概念を使って、この大学のもつ多様な目的と機能とを表現しようとした。ただクラークの言うマルティバーシティはともすれば一つの大学が多様な目的なり機能をもつという意味に使われているが、各大学が、それぞれ異なった目的をもち、機能を果たすというように理解すべきであろう。

しかし、大学の大衆化、平準化は、東京大学を始めとして、学問研究、学生教育にかんしてプライマシー（primacy）の役割を果たしてきた大学の相対的衰退を意味することになった。とくに、第二臨調を契機として、教育の効率化という奇妙な発想が提起され、臨教審によって、具体的な政策転換のプログラムとなっていった。もともと、戦後教育行政が悪しき平等主義、効率主義によって支配されていたのであるが、この趨勢は今後ますます顕著になっていった。

第二臨調以後、今日までも強調されつづけている効率原理が、大学行政に向けられたとき、いかに大きな社会的、文化的損失をもたらすかということについて、あまりにも明白であって、ここで言及する必要はないかもしれない。この考え方はもともと戦後の文部行政を支配していたものであって、日本の高等教育の現状と将来に対して、はかりしれない害毒をもたらしている。

東京大学、京都大学などのいわゆるプライマシーの大学としての役割を果たす大学は、一国のもっとも中心的な大学として、学問研究の最先端の方向と水準を切り開き、同時に、社会のあらゆる面、階層において主導的な役割を果たすべき若者たちの青春の舞台を提供する。そして、このことによって、日本という社会の次の世代の特性に大きな影響を与えるものである。

大学の大衆化、平準化にともなって、一つ一つの大学のもっていた威信はとみに低くなり、それとともに、大学の自由を守り、大学における研究、教育の水準を高い地位に維持するということがますます困難となってきた。

大学の自由はもともと、法律や制度によって自動的に守られるという性格のものではなく、大学人が一致して、明確な目的意思をもって守るものであり、またそのことが、政府や国民一般に十分理解され、共感を呼びおこすものでなければならない。そのためには何より、大学人がそれぞれ節度を守り、研究、教育のために全力を投下し、日本における学問、文化の水準を高く維持するという役割を有効に果たしているということが前提となっている。大学の威信は大学の自由を前提としてはじめて存立しうるものであると同時に、大学の自由は、この大学の威信があってはじめて守ることができるという、きわめて困難な事情が本来的に存在するということを忘れてはならない。このような視点からみるとき、プライマシーとしての役割を果たすべく期待されているいくつかの大学自体のあり方に大きな問題があるというべきかもしれない。

科学研究の性格が大きく変わり、社会的、経済的条件もまた大きな変革を経験しつつある現代において、これらの大学ははたして、その本来的な機能を十分に果たせるように、その内部的条件、制度を改革してきたであろうか。大方の人は、この設問に対しては否と答えるであろう。クラーク・カーはかつて、大学を改革することは、墓地を移動するのと同じで、内発的な力に頼ることはできないといって、大学改革の困難さを嘆いたことがあった。しかし、現在の日本の大学の置かれている状況は、墓地ですら自ら動かざるをえないような危機的症候群を呈している。

差し当たって取らなければならない政策は、プライマシーとして役割を果たすべきいくつかの大学(国公立、私立をともに含めて)について、その機構、制度を改革して、大学の自由が完全に保証されるようなものとし、最高水準の研究、教育をおこなうことができるような予算的措置を準備することであろう。そして、各大学に評議員会を設けて、大学管理にかんして全般的観点からチェック機能を果たし、大学の存在意義に対する社会的理解を求めるという役割を果たすようにしなければならない。これらの大学は、すべての領域にわたって研究、教育をおこなうというのではなく、それぞれの大学の置かれている歴史的、伝統的条件にもとづいて、選択的な領域について個性的な研究をおこなうような制度が望ましいことはいうまでもない。

最近とみに顕著にみられるようになった日本の大学における自主性、主体性の喪失は、新しい教育行政のプログラムが実行に移されるとともにいっそう、深刻な事態になってきた。日本には、すぐれた伝統をもち、きびしい研究、教育環境を形づくり、多くの学問分野で、世界における主導的な役割を果たしてきた大学も多い。この栄光が過去のものとなり、大学の自由の全面的喪失という結果となってしまうのではないかをおそれるものである。

第5章　社会的共通資本としての医療

社会的共通資本としての医療

医療という言葉は一般に、WHO憲章で定義されている保健とほぼ同じような意味で用いられている。つまり、市民の健康を維持し、疾病・傷害からの自由を図るためのサービスを提供するもので、医療を社会的共通資本として考えるとき、「政府」は、すべての市民が保健・医療にかかわる基本的なサービスの供与を享受できるような制度を用意する責務を負うことになるわけである。

具体的にいうと、「政府」は地域別に、病院体系の計画を策定し、病院の建設・管理のために必要な財政措置をとることが要請される。さらに、医師、看護婦、検査技師などの医療にかかわる職業的専門家の養成、医療施設の建設、設備、検査機器、医薬品などの供給をおこない、すべての市民に対して、原則として無料ないしは低廉な価格で、保健・医療サービスを提供することが要請される。

しかし、国民経済全体にとって利用しうる希少資源の量は限られたものであって、各市民の必要とする保健・医療サービスを必要に応じて無制限に供給することはできない。病院を始めとするさまざまな医療施設・設備をどこに、どのようにつくるか、医師を始めとする医療に従事する職業的専門家を何人養成し、どこに、どのようにして配分するか、またどのようにして、実際の診療行為をおこなうか、さらに、診療にかかわる費用、とくに検査・医薬品のコストをだれが、どのような基準で負担するか、などにかんして、なんらかの意味で、社会的な基準にしたがって、希少資源の配分がおこなわれる。

しかし、この、社会的基準は決して官僚的に管理されるものであってはならないし、また市場的基準によって配分されるものであってはならない。それはあくまでも、医療にかかわる職業的専門家が中心になり、医学にかんする学問的知見にもとづき、医療にかかわる職業的規律・倫理に反するものであってはならない。そのためには、同僚医師相互による批判、点検を行うピアーズ・レヴュー（Peers' Review）などを通じて、医療専門家の職業的能力・パフォーマンス、人格的な資質などが常にチェックされるような制度的条件が整備されていて、社会的に認められているということが前提となる。

このような制度的前提条件がみたされているときに、実際に保健・医療サービスの供給のために、どれだけ希少資源が投下され、どれだけコストが掛かったかによって、国民医療費が決まってきて、その額が国民経済全体からみて望ましい国民医療費となるわけである。医療を経済に合わせるのではなく、経済を医療に合わせるのが、社会的共通資本としての医療を考えるときの基本的視点である。このような視点に立つとき、他の条件にして等しければ、国民医療費の割合が高ければ、高いほど望ましいという結論が導き出されるのである。国民医療費が高いということは、医師を始めとして、医療にかかわる職業的専門家の数が多く、その経済的、社会的地位も高く、またさまざまな希少資源が、保健・医療サービスの供給に投下され、より多くの有形、無形の希少資源が、医学あるいは関連する学問分野の研究に投下されることを意味する。このときに、社会全体でみたとき、人間的にも、文化的にも、安定した、魅力あるものとなるといってよい。制度主義の経済学というとき、このような医療制度を経済的、財政的に可能にするために、どのような制度をつくればよいかという問題を考えることを意味するわけである。

医療資源の最適配分

医療のために配分することのできる希少資源――医師や看護婦、検査技師などのコ・メディカル・スタッフも含めて——は限定されたものであって、すべての市民が、必要とする医療サービスを自由に、無制限に享受することはできない。したがって、各時点で、それぞれ限られた医療資本をもっとも効率的に、かつ社会的な利点からみて公正に配分するためにはどのような制度をとったらよいかという問題を考えなければならなくなる。また、医療サービスの供給者である医師を始めとして看護婦などコーメディカル・スタッフの職業的、専門家的倫理をどのようにして内発的な動機と一致させるようにするかという、いわゆるインセンティブ・コンパティビリティ（Insentive Compatibilty）の問題もまた、社会的共通資本としての医療を考察するとき、重要なものとなるであろう。

日本の医療制度についてみれば、一九六一年、国民皆保険制度の実現を契機として大きく変化し始めた。日本経済の様相は、一九五〇年代に始まった高度経済成長の過程を通じて決定的な変化を遂げたが、日本の医療の規模的拡大もまた著しかった。さらに、医療技術の高度化、医療施設の近代化のテンポも速く、それにともなって国民医療費の増加もまた大きかった。この趨勢は、高年齢層の比率が高まりつつある現状のもとでこれからもしばらくつづいてゆくであろう。このような状況に直面して、国民医療費の増大が世の関心を呼び、とくに政府財政への負担の増加が問題とされるようになってきた。しかし、医療の問題をたんに国民医療費の増大とか、財政負担という視点からとらえようとするのは、本末転倒であるといわなければならない。社会的共通資本としての医療制度という視点からは、医療の経済的大きさではなくて、その実質的内容が問題とされなければならないであろう。

現行の医療制度の問題点

現行の医療制度について、そのもっとも重要な問題点は、保険点数制度にもとづく診療報酬制度である。この診療報酬制度のもとでは、医療の供給体制を長期間にわたって、望ましい状態に保つことはほとんど不可能であるといってよい。

現行の社会保険制度のもとでは、医療保険は国民健康保険と被用者保険に大別されるが、国民の九九%までが、なんらかの形での医療保険によってカバーされている。保険料はほぼ所得に比例するが、ある一定の上限でおさえられている。この点で逆進的な面をもっていることを指摘しておかなければならない。

医療給付の内容は、診察、調剤、医療材料、処置、手術、医療機関への収容、看護、移送に対する現物給付の形がとられている。被用者保険についてはある程度の障害補償金の制度も存在している。差し当たって問題となるのは、差額ベッド、付添い看護通院費用などの費用が入っていないことである。また、給付率については、当初五割であったのが七割まで引き上げられた。また、老人医療についても、一九七三年に無料化されたが、この制度は一九八三年廃止され、現在、自己負担率を高めるような逆進的な動きが顕著である。第二臨調による行財政改革がもたらした弊害は、医療についてとくに顕著である。

医療費のほぼ九〇%が、健康保険法にもとづいて、診療報酬点数を基準として支払いがされている。すなわち、各保険医療機関は毎月、保険の適用を受けている患者一人一人について、その月中におこなわれた療養について、細目にわたってその費用を、診療報酬点にもとづいて集計し、一点を十円として算定したレセプトを、その、医療機関の存在する都道府県に提供する。そして、社会保険診療報酬支払基金で審査し、適切とみなされた額がそれぞれの医療機関に支払われるわけである。

診療報酬点数表は、甲表と乙表とに分かれているが、いずれも、診療、療養、検査、手術などおよそ考えられる療養の類型について、それこそ微に入り細を穿って項目が挙げられ、それぞれの項目について保険点数が定められている。保険点数表についてまず明らかなことは、物的なものを中心として評価がなされていて、医師、看護婦、検査技術者などという技術料に相当するものが極端に低く評価されていることである。イギリスのすぐれたサービス制度が事実上崩壊してしまった、そのもっとも重要な原因が、医師、コーメディカル・スタッフの給与体系が恣意的に、しかも極端に低い水準に定められてしまったことにあると指摘されているが、日本の保険点数制度についても同じような危惧をもたざるをえない。

保険点数制度の弊害としてもう一つ挙げなければならないのは、それぞれの医師の経験、技術水準などがまったく無視されていることである。技術水準の低い経験の浅い医師が手術をおこなって失敗して、合併症を惹き起こしたりすると、保険点数が増えて、支払額も増えてしまうという現象すら現実には起きている。このことは、医師以外の医療関係の専門家にもみられる。とくに、看護婦の技術料がきわめて低くおさえられ、しかも極端な重労働のもとで働かざるを得ない条件のもとにあることは、日本の医療制度にもっとも顕著な現象であるといってよい。

このような保険点数表の偏向をみるとき、医療機関の大部分は経営的にとてもやってゆけないのではないかという印象をもつ。診療、処置、手術などという医療行為のほとんどすべてが、技術的な面をもっていて、実際にかかる費用はとても、現行の保険点数表から算出された支払額では賄いきれないからである。ところが、大多数の医療機関は経営的に問題がない。これは何故であろうか。それは、医師、看護婦などの人的費用、施設、機器などの維持費などについての赤字分を、検査料、薬剤料、特定治療材料、輸血料などという項目から出てくる黒字で補塡しているからである。

このように現行の、保険点数制度のもとでは、検査、投薬、輸血などが過剰におこなわれるのは、ある意味で論理的必然であるような印象を与えかねない。

医療的最適性と経営的最適性の乖離

日本の医療制度の矛盾を一言でいってしまえば、それは、医療的最適性と経営的最適性の乖離ということではなかろうか。医学的な観点から最適と思われる診療行為をおこなったとき、経営的観点からは望ましくないような結果を生み出す。したがって、長期間にわたって、経営的に安定的な医療機関の多くが、その診療行為がはたして医学的な見地から望ましい診療をつづけてゆくためにたいへんな努力を必要とせざるを得ない。現行の医療制度を考察するとき、国民医療費の大きさなどといういわゆる市場経済的尺度は重要な問題ではなく、この医療的基準と経営的基準の乖離ということがもっと核心的な問題であるといってよい。

医療費が年々高まるなかで、経済学の立場から、最適な医療費は、国民所得の何パーセントかという設問がしばしば提起されてきた。しかし、このような設問は、経済学の枠組みのなかでは論ずることはできない。むしろ、医学的な見地から望ましい医療制度はどういう性格をもつかという問題が問われるべきであって、そのような医療制度を公正かつ効率的に運営するためにはどのような経済的ないし経営的制度をとればよいかということを考察することから始めなければならない。要するに、医療を経済に合わせるのではなく、経済を医療に合わせるべきであるというのが、社会的共通資本としての医療としての考え方の基本的意識であるといってよい。

このように、社会的共通資本としての医療制度を考えるとき、その基本的条件は、医師が、医学的見地からもっとも望ましいと判断した診療行為をおこなったとき、そのときに必要となる費用が、その医師の所属している医療機関の収入と常に一致しているということである。また、患者の立場からするとき、所得の大きさ、居住している地域、人種的ないしは性的な条件などの如何にかかわらず、医学的ないし医療技術的な観点から、そのときどきの最適な診療を受けることができるということが、需要面からの要請である。この点にかんしては、現行制度は改善の余地があるにせよ、かなりすぐれたものであるといってよい。保険料率の漸次的低減、給付率の漸次的上昇、とくに老人医療の無料化の方向に進むことが望まれているが、第二臨調以降の行財政改革のあり方は、このような視点からみるとき、まったく逆行的であるといわなければならない。

医療制度の静学的、動学的分析

社会的共通資本としての医療制度について、その具体的な形を明確にするために、経済学でしばしば用いられる静学的分析と動学的分析とに分けて考えることにしよう。

静学的分析ないしは短期の問題というのは、医療施設、さまざまな医療機器、検査のための施設、そして医師、看護婦などのコーメディカル・スタッフなどの人的資源が所与のとき、どのような診療行為をおこなったらよいのか、そのための費用はどのようにして負担したらよいのかという問題を考慮するものである。医療機関の地域的配置、規模、設備、機器などの物理的資源と、医師、コーメディカル・スタッフの社会的配分、その資質能力などという人的資源が所与とするとき、患者をどのような基準にしたがって選択して、どのような順位をつけて、どのような診療をおこなうかということを問題にするわけである。このような診療行為は、医師の指示によっておこなわれるが、このとき、医師は純粋な意味で医学的判断にもとづいて指示を与えるということが要請される。病床の使用料、検査料、薬剤費、処置料、手術料などの保険点数ないしは価格にかんする情報によって、医師の判断が影響されてはならないということが重要となってくる。ミルトン・フリードマンの主張するように、医療サービスを市場的な基準にしたがって供給しようとするとき、医師は薬価差益などから構成される利潤を最大にするように、診療行為を選択することが前提となっているが、医師がこのような行動をとるとき、医師としての資格は失われ、患者の信頼もまた完全に喪失してしまって、医療制度そのものも円滑に機能しなくなってしまうであろう。

望ましい医療制度というときは、医師が医学的観点から最適な診療行為を選択したときに、実際にかかった費用がそのまま、その医師の所属している医療機関の収入となっていなければならない。すなわち、現行の保険点数制度にもとづく額が支払われるのではなく、社会保険診療報酬支払基金からの支払額は、各医療機関の実際の支出に一致しているような制度が望まれることになるわけである。

このとき、「実際にかかった費用」をどのように考えたらよいかという問題が起こってくる。とくに重要なのは、医師、看護婦などの医療関係の職業的専門家の所得をどのような基準で定め、その行動をどのようにしてチェックしたらよいかという問題である。

このときにも、ミルトン・フリードマン流の市場的基準が適用できないということは明らかであろう。市場的基準にもとづいて医師の所得が決められるというときには、医師の所得が、その診療行為によって患者がどれだけの経済的便益を受けるかということによって決められる。同じ手術を施したとしても、所得の高い患者の方が、所得の低い患者より大きな経済的便益を生み出すわけであるから、医師の収入もそれに応じて多くなるというのが、市場的基準にもとづいて医師の所得が決められる場合である。極端な場合、すでに余命いくばくもない老病人に対する治療の経済的便益はゼロに等しく、医師の所得もこの場合ゼロになってしまう。

医師に対する報酬はこのような市場的基準にしたがうものであってはならない。医師という職業にふさわしいと社会的に考えられる水準に、医師の報酬が定められなければならない。具体的に、このような水準を定めることは困難であるが、医師はさまざまな職業のなかでもっとも神聖なものの一つであって、医師という職業にふさわしいと社会的に考えられる所得水準もまたそれに応じて高いものでなければならない。しかも、医師の報酬は大部分固定給的な性格をもち、保険点数制度の前提となっているような出来高払い的な性格はできるだけおさえることが必要とされるであろう。

このような報酬制度は当然、医師が、その職業的倫理を明白な形で維持し、また専門家としての科学的知見、技術的習熟をもち、すぐれた人間的資質の持ち主であるということを前提としている。そして医師の診療行為に対して常にきびしいチェックが、専門的ならびに社会的になされているということが前提となっているということはいうまでもない。

動学的な視点から医療制度を考えようとするとき、たんなる医学的な基準だけでなく、広く社会的、経済的要因を考慮に入れなければならない。動学的ないしは長期的分析というとき、さまざまな医療施設をどのようにして建設したらよいか、さまざまな医療機器をどのように配置したらよいのか。さらに医師、看護婦など医療専門家をどのようにして養成したらよいか、またさまざまな医学的知見、技術をどのようにして蓄積したらよいのかということを問題とする。簡単にいえば、医療資本の蓄積をどのような基準にしたがって、どのようにおこなえばよいのかという問題である。

このように、動学的次元の問題は必然的に、医療以外の社会的、個人的蓄積のために用いられるはずであった希少資源を医療のために用いることになる。このとき、医療のために投下されたさまざまな希少資源が、どのような社会的、個人的価値を生み出すかということにかんする広い社会的コンセンサスが形成されていることに留意する必要があろう。このような意味で、医療にたずさわる人的、物的資源が多ければ多いほど、社会的、文化的観点から望ましいものとなっている。すなわち、一国の人口のうち、医療関係の職業に従事する人々の割合が高ければ高いほど社会的により安定したものとなり、文化的にも望ましいということであって、経済の機能は、このような医療制度を支えるためにある。

しかし、このような主張が、社会的に認められるためには、医師が、それぞれの専門分野について常にもっとも新しい知見をもち、医師としての職業的な倫理を貫くということが前提条件となっている。したがって、医学生をどのような基準で採用し、卒前、卒後の医学教育をどのようにおこなうべきかという問題とも密接な関係をもつ。現行の入試センター試験に象徴されるような、非人間的、没個性的な選択基準ではなく、それぞれの医科大学、医学部のもつ伝統と個性とが十分に発揮できるような入学選抜制度と医学教育とが前提となっている。

社会的共通資本としての医療制度を考えるとき、短期的にも、長期的にもいわゆる独立採算の原則は妥当しない。医学的最適性と経済的最適性とが一致するためには、その差を社会的に補塡しなければならないからである。

第6章　社会的共通資本としての金融制度

第1節　アメリカの金融危機

二十世紀末における金融危機と一九三〇年代大恐慌

一九八〇年代から現在にかけて、世界の金融制度は、かつてない規模の大きさと期間の長さをもつ混乱と変動を経験してきた。とくに、一九八〇年代の後半から現在にかけての日本の金融システムの混乱は大きく、まさに金融危機という表現がそのまま当てはまる。世界の金融制度がなぜ、このような危機的状況に突入していったのか。その歴史的経過をしさいに眺めてみると、一九三〇年代に起こった大恐慌と軌を一にしていることがわかる。

一九二〇年代半ば頃から、主としてアメリカを中心として、投機的動機によって形成された金融的バブルが、土地、一次産品、石油、金、美術・骨董品などを対象として起こっていった。この投機の波は、やがて株式市場に及び、かつてない規模での投機的取引がおこなわれ、史上空前の株価上昇を生み出していった。そして、一九二九年十月から十一月にかけて、ニューヨークの株式市場は二度にわたって、これもまた史上空前の株価暴落を経験した。その後、株価は下落をつづけ、一九三三年には、一九二九年九月のピーク時に比べ、半分以下にまで下がってしまった。ニューヨークの株式市場の株価暴落にはじまる金融恐慌は、アメリカ経済全体に拡大し、やがて、世界の資本主義諸国全体を巻き込んで、資本主義の歴史に、その例を見ない規模の大恐慌に発展していった。一九三三年、アメリカにおける工業部門の失業率は、じつに三七％を超えていた。アメリカの実質国民所得もまた、一九二九年から一九三四年にかけての四年間に半分に落ち込み、ほぼ一万件に上る金融機関が倒産したのである。

一九二〇年代半ば頃に始まった金融的バブルの形成の過程で、フーヴァー大統領は一貫して、金融的バブルの形成はまったく正常な経済活動であって、価格の上昇は実質的価値の上昇をあらわすものであると繰り返し強調した。一九二八年に入って、ニューヨークの株式市場の株価の高騰がアメリカ全国に異常な投機的過熱を引き起こす事態になっても、フーヴァー大統領は、その主張を変えなかった。このフーヴァー大統領の主張を支えていたのは、当時アメリカで、経済政策面でもっとも大きな影響力をもっていたイェール大学のアーヴィング・フィッシャーであった。アーヴィング・フィッシャーは、新古典派経済学の考え方を代表する経済学者であって、資産市場における市場価格は、その資産から生み出される所得の割引現在価格に常に等しくなるという考え方をもっていた。株式市場における市場価格は、株式から生み出される将来の配当の割引現在価格に常に等しくなる。したがって、ニューヨークの株式市場の株価の上昇は、アメリカ産業の繁栄を証左するものであると主張しつづけたのである。

一九三三年三月、ルーズベルト大統領が就任したが、その最初の閣議で、司法長官のホーマー・カミングスがつぎのような発言をした。

《現在アメリカ経済が置かれている状況は、資本主義という制度がアメリカという国家に対して挑戦し、戦争行為をおこなっているのだ。そのような意味で、アメリカはいま戦争状態にある。したがって、政府は対敵取引法(Trading-with-the-Enemies Act)を適用すべきである。》

対敵取引法は、アメリカの独立戦争当時につくられた法律であって、戦争状態にあるとき、議会の承認を経ることなく、重要な法律、政策を大統領の通達(Directive)として実行に移すことを可能にするものである。この司法長官のアドバイスを受けて、ルーズベルト大統領が最初に出した通達がいわゆる一九三三年銀行法の制定である。一九三三年銀行法はのちにグラス＝スティーガル法とよばれるようになったが、その趣旨はつぎのようなものであった。(ちなみに、第二次世界大戦以降、対敵取引法が使われたのは、一九七一年、ニクソン大統領のとき、日本に対する繊維交渉のさいに適用されたのが唯一の例である。)

一九二九年の金融恐慌を引き起こした主な原因は、銀行の反社会的、非倫理的行動にある。とくに、マージン率一〇%前後という異常な形で銀行が株式市場の投機的過熱を扇動したことにある。銀行はもともと、経済活動が円滑に機能し、人々が安定した生活を営むために基軸的な役割を果たすものであって、経済社会の中枢的制度である。決して投機など反社会的、非倫理的な目的に利用されてはならない。

グラス＝スティーガル法は、総合的な観点に立つ金融制度の改革を目的として制定されたもので、中央銀行の権限の大幅な強化、金融と証券業務の分離、預金金利の上限の設定(Regulation Q)、銀行持株会社の規制、預金保険制度の創設が、その主な内容である。

一九三三年銀行法を出発点として、大恐慌を解決し、経済不況からの回復をはかるために、ルーズベルト大統領によって打ち出されたさまざまな政策がニューディール(New Deal)である。一九三三年銀行法とならんで、ニューディールの中心的な政策は、テネシー河流域開発公社(Tennessee Valley Authority, TVA)の創設であった。テネシー河流域開発計画は、テネシー河にいくつもの巨大なダムを建設し、その広大な流域の農業、工業の発展を促進し、雇用と生活の安定を確保するための総合的な地域開発計画であった。

一九三三年銀行法は、銀行制度を一つの社会的共通資本とみなして、その経営に社会的な基準をもうけて、一国ないしはある特定の地域の経済活動が円滑に機能し、人々が安定した生活を営むために銀行の果たすべき本来的な機能が充分に発揮できるような条件を整備しようとするものであった。同じような意味で、テネシー河流域開発公社は、テネシー河の全流域の総合的な開発を促進し、産業の発展と市民の生活の安定を可能にするような社会的インフラストラクチャーの形成を目的としていたのである。ともに、社会的共通資本の形成を通じて、アメリカ経済のかつてない規模と強度をもった大恐慌に対して有効な対応策を打ち出そうとしたわけである。

この二つのニューディール政策に対するアンシャンレジームからの抵抗はきびしかった。とくに、テネシー河流域開発公社に対しては、政府が、本来民間のおこなうべき事業に関与したという理由で、連邦最高裁判所で違憲の判決まで出されたほどである。一九四三年、テネシー河流域開発公社は、その基本的な機構を変えて、実質的な内容をかろうじて維持することができたのである。

ニューディール政策は、ルーズベルト連合といわれるリベラルな政治的運動の形成によって可能になったが、その背後には、アーヴィング・フィッシャーに代表される新古典派経済学の考え方を否定した、ソースティン・ヴェブレンを中心とする制度学派経済学の考え方があった。

ヴェブレンの制度を具体的に表現したのが、銀行制度や社会的インフラストラクチャーなどの社会的共通資本だったのである。しかし、社会的共通資本の考え方が、経済学の理論のなかで、正当に位置づけれられるまでに、長い道のりを経なければならなかった。

マネタリズムと合理的期待形成仮説

経済学がじっさいに辿った道は、新古典派経済学をもっと極端に反社会的、非倫理的な形にしたもので、マネタリズムにはじまり、合理的期待形成仮説の考え方に代表される反ケインズ経済学の展開である。その最初の萌芽は、一九五六年に刊行されたミルトン・フリードマン編の『貨幣数量説研究』(*Studies in the Quantity Theory of Money*)にみられる。この書物は、当時シカゴ大学でフリードマンのもとで書かれた貨幣数量説を支持する学位論文を集めたものである。それらはいずれも、労働の雇用は常に完全雇用の状態にあり、実質的な所得分配は一定に保たれ、貨幣の流通速度が制度的諸条件のみに依存して決まってきて、そのときどきの経済的諸条件は無関係であるという、古典的な貨幣数量説を理論前提としておくものであった。

このマネタリズムの考え方は、さらに合理的期待形成仮説によって、その「理論的根拠」が与えられることになったのである。

期待形成仮説(Rational Expectations Hypothesis)はもともと一九六一年に、ジョン・ミュース(John F. Muth)が、農産物市場における価格変動のメカニズムを分析するために導入したものであるが、ロバート・ルーカス(Robert E. Lucas, Jr.)が、一九七二年に発表した論文“Expectations and the Neutrality of Money”のなかで、合理的期待形成仮説の考え方をもっとも厳密な形で定式化し、古典的な貨幣数量説が成り立つことを「証明」した。

ルーカス・モデルは二つの島の寓話から成り立っている。二つの島からなる経済があって、毎期ある一定数の人が生まれて、どちらかの島に振り分けられる。どちらの島に振り分けられるかということは確率的に決まってくるが、その確率分布はずっと不変で、また人々はその形を正確に知っていると仮定する。人はすべて二期だけ生きるとする。第一期には、生まれて、働き、その所得を一部消費し、残りを貨幣の形で貯蓄する。第二期には、第一期に貯蓄しておいた貨幣を使って、そのときに生まれた人々が生産したものと交換し、それで生活し、期末には死んでゆく。人々はすべて同じ技術と嗜好をもち、同じような行動を選択する。また財の種類は一つしかないものとする。二つの島の間にはまったくコミュニケーションは存在しないが、貨幣当局があって、どちらの島でも、第二期の初めにもっている貨幣の量に一定の比率を掛けた量を各人に配布してくれる。この貨幣供給の増加率もまた確率的であって、その確率分布は不変で、人々は正確にその形を知っているとする。

生産物の価格は結局、第二期目の老人がもっている貨幣と、第一期目の若者の貨幣に対する需要とが等しくなるような水準に決まってくる。このとき市場は完全競争的であるが、各人はそのもっている情報を用いて、将来の市場価格がどのような確率分布をしているかということを正確に計算することができる。各人は、各期における島の人口数の確率分布と、貨幣供給の増加率の確率分布とを正確に知っているから、今期の市場価格が、期首に存在していた貨幣供給量と、人口数と貨幣供給の増加率との実現値とによってどのように決まってくるかということを、確率的に計算し、その確率分布を正確に知ることができる。他方、現在時点における市場価格は、将来の市場価格の確率分布がわかれば一意的に決まってくる。このことから結局、現在の市場価格を決定する関数関係が一意的に定まることを「証明」することができる。このようにして決まってくる市場価格は、最初に存在する貨幣量に比例し、その比例係数は、貨幣供給の増加率と人口数との比率の関係となることが示される。結論として、ルーカス・モデルでは、合理的期待形成仮説がみたされているとき、貨幣数量説を厳密な意味で「証明」することが可能となるというのである。

一般に、合理的期待形成仮説はつぎのように定義される。人々がある経済行動をとるとき、そのことによって、将来の市場価格の客観的確率分布がどのように影響を受けるかということについて、正確に知ることができるとする。また、どのような行動をとれば、各人にとってもっとも有利となるかということは、将来の市場価格の確率分布によって左右され、その影響のされ方についても正確な知識をもっているとする。このような状況のもとで、合理的期待形成仮説が成立するというのは、人々が将来の市場価格の確率分布についてある予想を立てて、その予想のもとでもっとも有利となるような行動をとったとき、実際に実現する市場価格の客観的確率分布が、最初に予想した確率分布と完全に一致するときであるとする。このことをもっと簡単に表現すれば、将来の市場価格の客観的確率分布を正確に知ることができて、その確率的平均値に一致するように現在時点における将来の市場価格に対する期待を形成することができるようなときであるといってもよい。このような仮定を置くときには、ルーカス論文に示されるように、市場機構にもとづく資源配分のパターンが現在から将来まですべての時点について効率的であり、したがって、たとえば貨幣数量説が妥当するということを証明することも可能となってくるのは、ある意味では当然であるといえよう。

合理的期待形成仮説が成立するためには、どのような条件が必要となってくるのであろうか。各人が、将来の市場価格の客観的確率分布を正確に知っているということはまず第一に、現在から将来にかけて市場均衡が常に成立するということが当然前提とされている。つぎに、各人が均衡価格形成の構造的諸要因を正確に知っているということが仮定されていなければならない。均衡価格がどのような値をとるかということを知るためには、各時点で需要曲線と供給曲線とがそれぞれ具体的にどのような形をしているのかということを知っていなければならないし、また、これらの曲線が、どのような要因によって、どのようにシフトするかということも知っていなければならない。しかも、これらの曲線の確率分布にかんする知識があるということも留意しておかなければならない。各人はこれらの知識にもとづいて、膨大な計算をした結果、将来の各時点での市場価格の確率分布を求めて、合理的期待形成仮説がみたされるような行動を選択することになる。このような膨大な計算が可能であるということが仮定されているだけでなく、そのためになんら費用をかける必要もなく、時間も必要としないという前提もまた暗黙裡に仮定されている。もし個別的な経済主体が、このような知識をもち、このような膨大な計算を瞬時的におこなうような能力をもっていたとすれば、市場制度そのものが成立し、機能する必然性はなくなってしまう。市場制度は、その構成員たちが、最終的な市場価格を事前に知ることができないときに、試行錯誤的におこなわれる取引を前提としてはじめて成立するものだからである。

合理的期待形成仮説はさらに重要なインプリケーションをもっている。それは、各人が、需要曲線ないしは供給曲線にかんして正確な知識をもっているという条件のもとでは、市場制度の分権性が否定されてしまうということである。需要曲線の具体的な形を正確に知るためには、経済を構成するすべての消費者について、それぞれどのような嗜好をもち、どのような消費行動を選ぶかということについて、正確な知識をもっていなければならない。また、供給曲線を正確に知るためには、すべての生産者について、それぞれどのような技術的条件のもとに、どのような動機にもとづいて生産活動をおこなっているかということについて、正確な知識をもっていなければならない。このような前提は、その現実的実現可能性に関わる問題点を除いても、その制度的帰結として、分権性を否定し、各人それぞれが他の人々のプライバシーを侵し、その内面にまで入り込んで、嗜好、技術、動機づけを調べ上げるということを前提としている。市場制度の前提条件としての分権性がもつ、このような点からの重要性はフリードリッヒ・ハイエクによって精力的に主張されてきた。合理的期待形成仮説は、市場制度の成立そのものを否定するような前提条件のもとで、市場制度の効率性ないしは最適性を証明するという奇妙な論理構造をもっている。

合理的期待形成仮説の前提条件を認めてしまえば、貨幣の中立性、完全雇用ないしは自然失業率の状態、市場機構の動学的効率性という、かつての新古典派理論の中心的命題を厳密に証明することができる。このような点から、一九七〇年代における反ケインズ経済学の流行にさいして、この合理的期待形成仮説が基本的な重要性をもち、形式論理的な観点からもっとも厳密な整合性を具えていると一見考えられたルーカス論文が重要な役割を果たすことになった。しかも、ルーカス論文は、形式論理的な整合性という観点からも重大な誤謬を含んでいるということが、一九八〇年代に入ってからグラモン（Jean-Michel Grandmont）をはじめとして多くの人々によって指摘され、合理的期待形成仮説、ひいては反ケインズ経済学全般に対する反省の気運をつくり出すことになった。しかし、それは一九七〇年代の大流行が終わってからであって、変動為替相場制の導入、金融制度の規制緩和ないしは撤廃など、マネタリズム的な考え方にもとづく金融制度変革はすでに進行しはじめ、その被害は、金融部門を超えて、経済全体に拡がってしまっていたのである。はじめに述べた、一九八〇年代から現在にかけての、世界の金融制度が経験してきた混乱と変動は、直接的には、これらのマネタリズム的な考え方にもとづく金融制度変革に起因する面をもつことは否定し得ないであろう。

金融機関の規制緩和・撤廃とS&Lバブルの生成、崩壊

マネタリズム、合理的期待形成仮説に代表される反ケインズ経済学は究極的には、すべての希少資源が私有化されているような資本主義的市場経済制度のもとでは、労働の雇用は常に完全雇用の状態にあり、実質的な所得分配は一定に保たれ、貨幣の流通速度は一定であるという前提に立って議論を進める。したがって、社会的共通資本の存在自体を否定し、政府の役割を司法、警察の分野に最初から限定している。反ケインズ経済学の政策的結論は、資本主義的な市場機構ができるだけ円滑に機能しうるために、すべての規制を撤廃するという一点に集約される。金融の分野でも、反ケインズ経済学の流行とほぼときを同じくして、さまざまな規制の緩和ないしは撤廃がじっさいにおこなわれた（くわしいことは以下の書物、とくに序章、一章を参照してほしい。宇沢弘文・花崎正晴編『金融システムの経済学』東京大学出版会）。

ルーズベルト連合にはじまるリベラル派の政治的流れに対する保守派の抵抗は、一九六〇年代の終わり頃から顕著になっていったが、一九七〇年代に入っていっそうその勢力をつよめていった。この流れを象徴したのが、一九七一年のハント委員会報告である。ハント委員会は、金融機関に対する規制のあり方にかんするBlue Ribbon Commissionであったが、規制（Regulation Q）や監督（Control）は必然的にサービスの質の低下を招くという前提のもとで議論を

進めた。自由で競争的な金融制度を実現するために根本的な改革が必要であるという結論を出したのである。また一九七二年には、下院銀行委員会は、“FINE Study”と題する報告書を出して、ハント委員会の結論を具体化するための提案を示した。これらの提案を受けて、一九八〇年、預金金融機関規制緩和・通貨管理法が成立し、金融機関に対する大幅な規制緩和がおこなわれることになった。預金金利の上限を設定したRegulation Qは段階的に撤廃されるとともに、S&L（貯蓄貸付組合）に対しても、広範な金融業務への参加が認められることになった。さらに、一九八二年、ガーン＝セントジャーメイン預金金融機関法が成立し、預金金融機関に対して、金利を自由に設定できるMoney Market Depositの導入が認められることになった。

これら一連の規制緩和・撤廃の影響をもっともつよく受けたのがS&Lであった。S&Lはもともと、短期資金を受け入れ、固定金利で長期の住宅ローン貸付をおこなう金融機関であったが、商業貸付、消費者ローンなどの短期貸付が認められるとともに、銀行など他の金融機関との競争にさらされることになった。一九七〇年代の終わり頃からはじまった、歴史的な高金利の時代にあって、S&Lなどの貯蓄金融機関は軒なみにきびしい経営危機に陥った。一九八〇年後半から一九九〇年代前半にかけて、それまできわめて放漫な経営をおこなっていた異常な数のS&Lが次々に倒産したのである。一九八九年、金融機関改革・再建・規制法が制定されたのにつづき、RTC（Reconstruction Trust Corporation：復興信託公社）という巨大な組織がつくられ、破綻したS&Lの資産処理に従事した。RTCには返済を必要としない財政資金が投入されたが、同時に、放漫な経営をおこなったS&Lの経営者の刑事責任がきびしく追及され、一九九五年、RTCの解散までに、数千人に上るS&Lの経営者が刑務所に送られることになった。

一九八〇年後半から一九九〇年代前半にかけての、アメリカの金融危機は、S&Lなどの貯蓄金融機関だけでなく、商業銀行の場合も深刻であった。とくに、大きな影響を与えたのは、一九八四年のコンティネンタル銀行の破綻である。全米第七位の規模をもつコンティネンタル銀行の事実上の倒産は、金融制度という社会的共通資本の管理のあり方、政府の監督、チェックのあり方などの面で、重要な示唆を与える。

第2節　日本の金融危機

日本の金融崩落現象

日本の金融崩落現象のきっかけとなり、また、その特徴的な性格を鮮明にあらわしているのが住専問題である。住専問題をきわめて不透明な、不充分なかたちで処理してしまったことが、現在の経済的停滞と社会的混乱を惹き起こしたといっても過言ではない。

住専問題は一言で言えば、日本の特異な金融行政の産物であるが、もっと一般的には、戦後五〇年にわたって日本の経済・社会を支えてきた制度的諸条件がすでに陳腐化して、新しい時代的要請に応えることができなくなってしまったことの象徴であるといってもよい。

護送船団方式とよばれる大銀行のための金融行政は必然的に、日本の金融機関における金融的節度の欠如、社会的倫理感の喪失、職業的能力の低下をもたらすことになった。この症候群は、一九八六年から一九九〇年にかけて、バブル生成酣《たけなわ》のときにもっとも顕著なかたちとなって現われた。住専問題が生まれた、この時期のことはいまなお人々の記憶に新しいであろう。東京、大阪をはじめとして全国の主要な都市で、大銀行が中心となって、不動産業者を使って、果敢に地上げを強行していった。この過程で、それまで人間的な営みの場を提供していた魅力的な町並みがいたるところで破壊され、住民の多くは塗炭の苦しみを負うことになった。この、大銀行が中心になっておこなった地上げによる国民的損失ははかり知れないものがある。さらに、農山村では、ゴルフ場、リゾート開発の名目を掲げて、山林や農地の買収がなされていった。これもまた究極的には大銀行から融資を受けた不動産業者たちが中心になっておこなったものであった。これらの土地の多くは現在、きわめて中途半端な、開発のかたちだけを残して、農山村の荒廃を決定的なものとしている。とくにかつて村の生活を支え、文化を守っていた里山の破壊はきびしい。

護送船団方式のもとで金融的節度と社会的倫理感を失った金融機関が、プラザ合意後の異常な金融政策をたくみに利用して、土地のバブル生成を通じて日本の経済・社会に与えた被害の大きさは、住専に投入された六千八百五十億円の公的資金、あるいは、銀行に最終的に投入されるであろう七十兆円に上る公的資金の大きさの比ではない。社会のあり方の根元にかかわるものだからである。

日本における金融危機について、その氷山の一角が、国民の目に明らかになったのは、一九九五年、大和銀行ニューヨーク支店における巨額損失事件であった。この事件が明るみに出てから、日本の銀行と欧米の銀行との間に短期調達金利の大きな差が発生することになった。いわゆるジャパン・プリミアムであるが、一九九五年秋には〇・五％であったが、日本における金融危機の進行にともなって拡大化し、一九九七年秋にはじつに一％を超えるという異常な事態になっていったのである。日本銀行は、日本の銀行を救済するために、公定歩合を歴史的な超低利に抑え、現在にいたっているが、その間の国民的損失は、はかり知れないものがある。

日本の金融危機は、一見解決への道を歩みつつあるようにみえるが、本質的な意味での解決にまだほど遠いように思われる。

さきに述べたように、社会的共通資本は決して国家の統治機構の一部として官僚的に管理されたり、また利潤追求の対象として市場的な条件によってのみ左右されてはならない。社会的共通資本の各部門は、それぞれの分野における職業的専門家によって、職業的規範にしたがって、管理・維持されなければならない。とくに、金融という、高度に専門化し、経済的、社会的、政治的要素ときわめて複雑に交錯している社会的共通資本の場合、その職業的規範を明確に定義し、金融にかかわるさまざまな市場について、その構造的、制度的条件を整備し、経済循環の安定性を確保することは至難のことである。しかも、金融制度が、広範な国際的拡がりをもつとき、この問題の困難度はいっそう高まるものといわざるを得ない。

第7章　地球環境

第1節　人類史における環境

自然環境とは何か

自然環境は、経済理論のなかでどのように位置づけたらよいであろうか。自然環境は具体的には、森林、草原、河川、湖沼、海岸、海洋、水、地下水、土壌、さらには大気などを指す。また、森林、草原などに生存するさまざまな動・植物もすべて自然環境の一部である。

自然環境を構成する具体的な構成要素はこのような形に分類されるが、自然環境というとき、これらの構成要素のいくつかが相互に密接に関連した、一つの全体としてとらえる。たとえば、一つの森林をとったとき、たんに森林を構成する樹木だけでなく、伏流水として流れる水、さまざまな微生物をもつ土壌、そこに生存する動・植物などを統合して、一つの総体としての森林を自然環境、あるいはたんに環境という概念としてとらえているわけである。

自然環境は、経済理論でいうストックの次元をもつ概念である。自然環境を構成するさまざまな希少資源の多くはまた、生産、消費などさまざまな経済活動にさいして、不可欠な役割を果たす。このような意味で、自然環境が果たす経済的役割に焦点を当てるとするとき、自然資本という表現を用いることがある。

自然環境について、もっとも特徴的な性質は、その再生産のプロセスが、生物学的ないしはエコロジカルな要因によって規定されていることである。一つの森林を自然資本としてとらえて、たとえば、樹木の総重量によってそのストックをはかることにしよう。森林のストックが時間的経過にともなってどのように変化するであろうか。森林を構成する個々の樹木がどのようなペースで成長し、あるいは枯れてゆくかによってはかられる。それは、個々の樹木の種類、年齢に依存するとともに、森林のなかに存在する水の流れ、土壌の性質、さまざまな動・植物、微生物の活動によっても影響される。

同じような現象は、他の自然環境についてもみられる。よく引用されるのは漁場である。経済学では、ある一つの、明確に境界を付けられた漁場を自然環境としてとらえて、そのストックの量を漁場に存在する魚の数ではかる。単純化のために、魚は一種類として、年齢構成は問わないことにする。この漁場における魚の再生産のプロセスは、魚の餌となるプランクトン、小魚などがどれだけ存在するかに依存するだけでなく、水温、海水の流れ、沿岸のエコロジカルな諸条件、場合によっては上流の森林の状態によっても左右される。

このようにして、自然資本のストックの時間的経過にともなう変化は、生物学的、エコロジカル、気象的な諸条件によって影響され、きわめて複雑な様相を呈する。したがって、自然資本の時間的変化率は、経済理論がもっぱら対象にしてきた、工業部門における「資本」の減耗あるいは資本とは本質的に異なる性質をもつ。

自然環境を自然資本としてとらえるとき、規模の経済あるいは外部(不)経済の概念もまた、経済理論における伝統的な概念とは本質的に異なる。

規模の経済について考察するために、まず、森林を例にとってみる。森林のストックをかりに、その面積ではかるとして、森林の面積が二倍になったときに、さまざまな経済活動の過程における森林の果たす役割は何倍になるであろうか。たとえば、森林という自然資本から、木材という産出物が生産されるとする。まったく同じ面積をもつ同じ樹相をもった二つの森林を一緒にしたとする。年々生産される木材の量は二倍になるであろうか。ここでも、工場生産を中心とする経済理論の常識をそのまま適応することはできない。しかし、森林を自然資本としてとらえたとき、この点にかんする分析は、統計的にも、実証的にも充分に満足できるようなかたちではなされていない。

同じ問題は、外部(不)経済についても指摘される。一般に、自然環境を自然資本としてとらえたとき、ある水準までは外部経済が働くことは否定できない。そして、その水準を超えたときは、外部不経済の現象がみられると考えてよいであろう。

また、環境の果たす経済的役割を考察するとき、自然環境を構成するさまざまな要素の間に存在する、錯綜した相互関係を無視することはできない。森林の経済的機能を考えるとき、水の流れ、さまざまな樹木の間の相互関係、土壌の性質、森林に生存するさまざまな生物、微生物の間には複雑な関係が存在し、森林の果たす経済的機能に対して大きな影響を与える。そこには、工場生産のプロセスにみられるような決定論的、機械論的な関係を想定することはできない。とくに、気象条件の及ぼす影響を考慮に入れるとき、自然環境の果たす経済的役割は本質的に統計的、確率論的な意味をもつことを指摘しておきたい。

自然環境と人類の生存

自然環境はなによりも、人間が生存し、生活を営むために欠くことのできない役割を果たす。人間をはじめとしてすべての生物が生存しうるために大気の存在が不可欠であることはいうまでもない。地表を包む大気をもつ天体は、これまで地球のほかにあまり多くは見つかっていない。地球が誕生してから四十六億年の長い年月が経ったが、その間に、数多くの偶然が重なって、地表を数十キロメートルにわたって覆う大気が形成された。その大気は水蒸気、酸素、窒素を主要成分として、二酸化炭素、メタンなどのいわゆる温室効果ガスがごく微量ではあるが存在して、地表大気平均気温を十五度(摂氏)に安定的に維持することが可能となるような構成をもつようになってきた。また、大気の外層を覆っているオゾン層は、太陽からの紫外線をほとんど完全に吸収して、生物が地上で生存できるような条件をつくってきた。

地表大気の平均気温が十五度前後に保たれることによって、赤道近くで暖まった湿気を含んだ大気が上昇して、地表のいたるところに降雨をもたらす主要な原動力となってきた。降雨のかたちで、水が地表のいたるところに循環することによって、土壌、森林、草原が形成され、さまざまな生物が生存しうる条件がつくり出され、地球上にはいたるところに美しい自然が形成されている。私たちの知っている天体のなかに、このような美しい自然がつくり出されている例は、地球の他に存在しない。

自然環境を経済学的に考察しようとするときに、まず留意しなければならないのは、自然環境に対して、人間が歴史的にどのようなかたちで関わりをもってきたかについてである。この問題は、広く、文化をどのようにとらえるかに関わるものであって、狭義の意味における経済学の枠組みのなかに埋没されてしまってはならない。

「文化」というとき、伝統的社会における文化の意味と、近代的社会において用いられる意味との間に本質的な差違が存在することをまず明確にしておきたい。

一八五四年、アメリカ・インディアンの酋長シャトルがいったといわれるつぎの言葉は象徴的である。

「白人がわれわれの生き方を理解できないのはすでに周知のことである。白人にとって、一つの土地は、他の土地と同じような意味を持つ存在でしかない。白人は夜忍び込んできて、土地から、自分が必要とするものを何でもとってしまう余所者《よそもの》にすぎないからである。白人にとっては、大地は兄弟ではなく、敵である。一つの土地を征服しては、また次の土地に向かってゆく。……白人は、自らの母親でも、大地でも、自らの兄弟でも、また空までも、羊や宝石と同じように、売ったり、買ったり、台なしにしてしまったりすることのできる「もの」としか考えていない。白人は、貪欲に、大地を食いつくし、あとには荒涼たる砂漠だけしか残らない」

「売りに出されたコモンズ——聖なる存在から市場的財へ」

この問題について、一九九四年七月、ナイロビで開催されたＩＰＣＣ（Intergovernmental

Panel on Climate Change：気象変動に関する政府間パネル）の「気象変化にかんする倫理的、社会的考察」のコンファレンスで発表された、アン・ハイデンライヒとデヴィッド・ホールマン（Ann Heidenreich and David Hallman）の論文 "From Sacred Being to Market Commodity: The Selling of the Commons?"（「売りに出されたコモンズ――聖なる存在から市場的財へ」）には含蓄深い考察が展開されている。

ハイデンライヒ＝ホールマンは、文化について、二つの異なった考え方が存在することを指摘する。

伝統的社会では、「文化」はつぎのような意味をもつ。「社会的に伝えられる行動様式、技術、信念、制度、さらに一つの社会ないしはコミュニティを特徴づけるような人間の働きと思想によって生み出されたものをすべて含めて、一つの総体としてとらえたもの」を意味する。他方、近代社会においては、「文化」は「知的ならびに芸術的な活動」に限定して考えるのが一般的である。

マサイ族の若者が「文化」というときには、同年代の若者たちのことを想起し、伝統的な制度のもとで、社会がどのように組織され、自然資源がどのように利用されているかに思いをいたす。しかし、北ヨーロッパの人々が「文化」というときには必ず、芸術、文学、音楽、劇場を意味している。

環境の問題を考えるとき、宗教が中心的な役割を果たす。宗教は、自然を創り出し、自然を支配する超人間的な力の存在を信じ、聖なるものをうやまうことだからである。

自然環境が文化、宗教とどのような形で関わっているかによって社会全体が規定されているといってもよい。また、ある一つの社会において、自然とみなされているものが、他の社会では、「文化」と考えられる。またケニアやタンザニアのマサイ族には、宗教に対応する言葉は存在しなかった。宗教は自然そのものと同一視されているからである。伝統的社会においては、「文化」は、自然、宗教、文化を総体としてとらえたものになっている。

自然と人間との間の相関関係が具体的なかたちで表現されるのは、自然資源の利用という面においてである。伝統的社会では、人やものの移動がきわめて限定されているため、生活を営む場所で利用可能な自然資源に頼らざるをえない。したがって、これらの自然資源の涸渇はただちに、伝統的社会の存続自体を危うくする危険を内在している。伝統的社会の文化は、地域の自然環境のエコロジカルな諸条件にかんして、くわしい深い知識をもち、エコ・システムが持続的に維持できるように、その自然資源の利用にかんする社会的規範をつくり出してきた。

自然資源の利用にかんして、長い、歴史的な経験を通じて知識が形成され、世代からつぎの世代に継承されていった。自然環境にかんする知識と、その世代間を通ずる伝達によって、文化が形成されると同時に、文化によって新しい知識が創造されてゆく。何世代も通じて知識が伝達されてゆくプロセスで、社会的制度がつくり出される。そして、日常的ないし慣行的な生き方が、社会的制度として確立し、一つの文化を形成することになる。

自然と人間との間の相関関係がどのような形で制度化されるかによって、人間と人間との間の社会的関係もまた規定されることになる。どのような自然資源を、どのようなルールにしたがって利用すべきかが文化の中心的な要素となる。したがって、年長者の教示ないしは指示に重点が置かれ、自然資源の利用は、社会のすべての構成員に対して公正に、また利用可能となるような配慮が、どの伝統的社会についても充分払われている。

伝統的社会では、自然環境にかんする知識は、スピリチュアリティとの関連において形成されている。たとえば、シャーマニズムは、三千万人を超えるアメリカ・インディアンが信じていた宗教であったが、それは、自然資源を管理し、規制するためのメカニズムであって、その持続的利用を実現するための文化的伝統であった。

伝統的社会では、自然資源を持続的なかたちで利用するのは、また将来の世代だけでなく、他の伝統的社会を考慮に入れて、自然資源の保全をはかってきた。

人間の移動が自由になるとともに、文化、宗教、環境の乖離は拡大化されていった。とくに、ヨーロッパ諸国によって、アフリカが植民地化されるプロセスを通じて、資源の搾取がより広範な地域でおこなわれるようになり、伝統的社会のもつ、それぞれの限定された地域に特定化された知識は無視され、否定されていった。アフリカ以外の大陸でも事情は同じであった。伝統的な自然環境と密接な関わりをもつ知識は、経済発展の名のもとに否定され、抑圧されていった。

ハイデンライヒ＝ホールマン論文で、近代キリスト教の教義が、自然の神聖を汚し、伝統的社会における自然と人間との乖離をますます大きなものにしていった経緯がくわしく論ぜられていることは興味深い。

キリスト教の教義が、自然に対する人間の優位にかんする論理的根拠を提供し、人間の意志による自然環境の破壊、搾取に対してサンクションを与えた。と同時に、自然の摂理を研究して巧みに利用するための科学の発展もまた、キリスト教の教義によって容認され、推進されていった。

ルネッサンスは人間の復興であったが、それは自然の凋落を意味している。近代思想の発展はさらに、人間の優位を確立し自然の従属性に拍車をかける。フランシス・ベーコンにとっては、すべての創造物は人間との関係においてのみ意味をもち、自然は天からの賜物であって、物理学と化学を中心とした科学の発展を通じて、そのゆたかな収穫を搾取されるものにすぎない。ルネ・デカルトはさらに極端なかたちで論議を進めていった。デカルトの機械論的、決定論的世界観にもとづけば、自然は、数学的な法則にしたがって機械的に動く存在であり、自らの意志をもたず、受動的な存在にすぎない。自然の価値は、人間にどれだけの効用をもたらすかによってはじめてはかることができるとされていた。自然を抑圧し、搾取することに対してなんら制約条件はもうけられるべきではない。

自然の手段化は、アダム・スミスの経済学によって、その極限の段階に入っていった。そこでは、自然だけでなく、人間自身もまた、経済的利益の追求の前にその尊厳性を失って、すべてが生産手段として、経済活動の手段を果たすものとなっていったのである。

科学が、宗教、文化とまったく独立なものとして展開され、経済学が普遍的な思想を形成するとともに、産業革命の可能性が現実のものとなっていった。化石燃料の大量消費によって惹き起こされつつある地球温暖化の現象は、まさに産業革命の必然的帰結に他ならない。

第2節　環境問題に関する二つの国際会議

環境問題に関する二つの国際会議

環境と経済の関係について、この三十年ほどの間に本質的な変化が起こりつつあることを指摘する必要がある。この変化は、国連の主催のもとに開かれた環境問題にかんする二つの国際会議のテーマに象徴的に現われている。一九七二年、ストックホルムで開かれた第一回の環境会議と、一九九二年、リオ・デ・ジャネイロでの第三回の環境会議である。

一九六〇年代を通じて顕著にみられるようになった自然破壊とそれによって惹き起こされた公害問題は、歯止めのないかたちで進行していった工業化と都市化の必然的な帰結ともいえる性格をもっていた。当時、スウェーデンでは、五万を越える湖沼の大半が死んでしまったといわれていた。水質の悪化によって、魚やその他の生物が棲むことができなくなり、周辺の森林でも多くの樹木が枯れはじめた。その直接的な原因は酸性雨によるものであった。それは大部分、イギリスや、東ドイツ、ポーランドなどの東欧の社会主義の国々における工業活動によって惹き起こされることが綿密な調査によって明らかにされていった。一九七二年、ストックホルムで開かれた第一回の国連環境会議は、公害問題の国際性に注目したスウェーデン政府の提案にもとづいて開催されたのである。

ストックホルム環境会議の主題は公害問題であった。それは、日本における水俣病問題や四日市大気汚染公害に象徴されるように、産業活動の結果、自然環境のなかに排出される化学物質によって惹き起こされたものである。これらの産業廃棄物は、二酸化窒素、硫黄酸化物、有機水銀など、それ自体いずれも有害な物質であって、直接人々の健康を冒し、生物に被害を与える。

一九六〇年代から七〇年代にかけて世界的な拡がりをみた公害問題は、それによってもたらされる人間的犠牲の深刻さ、環境破壊の大きさの点から、これまでの人類の歴史において、平和時にはまったく経験しなかった規模をもつものであった。

ストックホルム会議に象徴される公害問題に対する社会的関心は、産業活動のあり方に対して大きな反省を迫り、公害規制のためにさまざまな政策が実行され、数多くの制度的対応がとられることになった。その後、三十年ほどの期間に、産業活動にともなう公害に対して、かなりの効果的な規制がとられ、少なくとも資本主義の多くの国々については、工業化、都市化にともなう公害問題は基本的に解決の方向に進みつつあるといってよい。しかし、水俣病問題の例が示すように、一九六〇年代の公害によって惹き起こされた深刻な被害に対する本質的な救済はまだとられていない。また、発展途上諸国の多くについて、公害問題はいぜんとして未解決であるだけでなく、なかにはいっそう拡大化し、深刻化しつつある国も少なくないことを指摘しておかなければならない。

一九九二年のリオ環境会議の主題は、地球規模における環境の汚染、破壊についてであった。地球温暖化、生物種の多様性の喪失、海洋の汚染、砂漠化などの問題である。なかでも、深刻なのは、地球温暖化の問題である。地球温暖化は、主として、化石燃料の燃焼によって排出される二酸化炭素が大気中に蓄積され、いわゆる温室効果が働き、地表大気平均気温の上昇を惹き起こすことによって、地球規模における気象条件の急激な変化をもたらすことに関わる諸問題を指す。温室効果は、二酸化炭素の他に、メタン、亜酸化窒素、フロンガスなどのいわゆる温室効果ガスによっても惹き起こされる。これらはいずれも大気中にごく微量しか含まれていないが、地表大気平均気温の上昇に対してつよい効果をもつ。

二酸化炭素をはじめとして温室効果ガスの大部分は化学物質としては無害であり、直接人体に影響を与えたり、動・植物に危害を与えるものではない。しかし、地球規模における蓄積が進むとき、地表大気平均気温の急激な上昇という温暖化現象を惹き起こす。

森林の伐採もまた、地球温暖化を促進する。とくに熱帯雨林の急激な消滅は、植物の光合成作用による大気中の二酸化炭素の吸収効果の減少をもたらす。熱帯雨林の消滅はまた、生物種の多様性の喪失に対して決定的な影響を及ぼす。地球上には、一千万種に上る生物種が存在すると推定されているが、そのうち三〇%以上が熱帯雨林のなかにあるといわれている。しかも、その大部分はまだ同定されておらず、もし現在の時点で消滅してしまうと、永久に回復不可能となってしまう。

熱帯雨林とその周辺に存在する多様な生物種が、人類の歴史において果たしてきた役割は大きいものがある。また、将来にわたって重要な意味をもちつづけることは確実といっていいと思う。米、小麦をはじめとして、農作物の大部分は、その原種が、森林、草原から求められたものである。農作物のなかで、病虫害によって全滅してしまったものが数多く存在するが、その多くは、森林のなかから、新しい生物種を見いだすことによって代替されてきた。また、現在用いられている医療品の五〇%近くが、熱帯雨林ないしはその土壌に生存する微生物、生物を原材料としてつくり出されたものであるといわれている。

森林の消滅

FAO（国連食糧農業機関）の推計によれば、世界全体の森林（広義の）四十億ヘクタールのうち、年々二千万ヘクタール近くの森林が消滅しつつある。それにともなう地球温暖化効果と生物種の多様性の喪失とは、人類の生活にはかり知れない影響を及ぼすだけでなく、自然環境に不可逆的な変化をもたらすことになるのは確実である。

リオ環境会議ではさらに、湿地帯の消滅、農地の塩化など、さまざまな環境問題が取り上げられたが、これらの諸問題は共通の基本的性格をもっている。それは、環境破壊の影響が必ずしも局所的に限定されるものではなく、また必ずしも現在の世代に直接影響を与えるだけでなく、もっぱら将来の世代に関わるものである。

地球温暖化問題は、ストックホルム環境会議の主題であった公害問題に比較して、その深刻性、緊急性ははるかに小さく、その直接的な社会、政治への影響もまた軽微である。しかし、地球全体の気候的諸条件に直接関わりをもち、また、遠い将来の世代にわたって大きな影響を与えるという点からみて、決して無視することのできない深刻な問題を提起している。

また、地球温暖化をはじめとして、地球環境全体に関わる問題は、その対応策もまた地球的規模をもたざるを得ない。したがって経済的、社会的、政治的観点から、重要な意味を持ち、有効な対応策をとることは必ずしも容易ではない。

持続可能な経済発展

リオ環境会議で取り上げられた地球環境問題を中心とする環境破壊の問題は、持続可能な経済発展（Sustainable Economic Development）の概念によって統一的な視点が与えられることになった。この概念は、環境と経済の相関関係を考慮しようとするとき基本的な役割を果たす。

持続可能な経済発展というとき、二つの意味において用いられる。一つは、定常状態に限定して考える場合と、もう一つは、定常状態にないときでも、環境と経済の相関関係が安定的に維持されている場合である。持続可能性の意味を明確にするために、まず、定常状態に限定して、持続可能な経済発展の意味するところを考えよう。このとき、定常状態と経済発展という二つの概念が両立し得るかについて疑問が提起される。定常状態における経済発展はすでに、ジョン・スチュアート・ミルによって明確に提示されている。一八四八年に刊行されたミルの『経済学原理』は、古典派経済学を集大成した書物であるが、その最終章で、ミルは定常状態を説明して、つぎのように述べている。

定常状態は、国民所得、相対価格体系、資源配分のパターン、名目的所得の分配などは時間を通じて一定水準に保たれていて、毎年毎年同じ状態が繰り返される。しかし、ひとたび経済社会の実体的側面に目を向けるとき、そこには多様な文化的、社会的活動が展開されていて、安定的な経済的条件のもとでゆたかな、人間的社会が具体化されている。

ミルの定常状態は、市場経済制度の究極的な姿であり、ミルのいっていた理想主義的な世界観を具体化したものである。

一般に、経済発展が持続可能であるというのは、自然環境の状態が年々一定水準に保たれ、自然資源の利用は一定のパターンのもとにおこなわれ、しかも、消費、生活のパターンが動学的な観点からみて最適(dynamically optimum)、かつ世代間を通じて公平(intergenerationally equitable)な経路を形成しているときであると定義される。この考え方について、はたして経済理論のなかで、厳密なかたちで定式化し、じっさいの制度的、政策的な面で有効に適用することが可能であろうか、という問題が提起される。この設問は、一八四八年、ジョン・スチュアート・ミルの『経済学原理』が出たときから、経済理論の分野で、重要な問題となってきた。

第3節　地球温暖化

地球温暖化とは

一九八〇年代の終わり頃から現在にかけての地球環境問題のうち、経済的、社会的な観点からもっとも重要な意味を持つのが、地球温暖化(Global Warming)である。

地球温暖化の問題を考えるためにはまず、平均気温がどのようにして決まってくるかについて簡単な解説から始めることにしよう。

ここで平均気温というのは、正確には地表大気平均温度(Global Average Surface Air Temperature)といわれている概念である。地球の表面には約二千カ所の観測点が設置されていて、連続的に地表大気温度(気温)を測定している。海岸では、観測船が利用されている。この二千カ所に及ぶ観測点をいくつかのブロックに分けて、各ブロックごとに毎日の平均値が計算され、さらにブロックの平均値から、毎日の平均温度を求めて、地表大気平均温度が計測されている。

地球の表面は、十キロメートルの厚さにわたって大気の層によって覆われている。地球全体の大きさからみれば、大気層は、地球という卵を覆っている薄い被膜に相当する。

太陽から放射されるエネルギーは電磁波として地球に向けられるが、大気に含まれるさまざまな化学物質によって吸収され、一部分だけが地表に到達する。

太陽から放射される電磁波のうち、波長の短い紫外線は、大気上部の形成層にあるオゾン層にほとんど完全に吸収されて、地表には到達しない。生物が海から出て地上で生活することができるようになったのは、じつに成層圏に厚いオゾン層が形成されるようになってからである。

太陽からの電磁波は、大気中を通過するとき、可視光線の部分はそのまま地表に到達するが、赤外線の部分は一部分大気中に存在する温室効果ガスによって吸収され、残りの部分が地表に到達し、吸収される。太陽の表面は六千度に達し、太陽から放射される電磁波は極めて短いものが中心であるが、地球の表面は十五度前後であって、地表から放射されるエネルギーは赤外線の形をとる。この、地表から放射される赤外線はまた、一部分大気中の温室効果ガスによって吸収される。

このようにして、大気中に存在する赤外線を吸収する化学物質の存在によって、大気は温室と同じような働きをすることになる。

温室効果ガスは、水蒸気の他に、二酸化炭素、メタン、亜酸化窒素、フロンガスが存在するが、いずれもごく微量しか大気中には含まれていない。しかし、地表大気平均温度を十五度に維持するためには重要な役割を演じている。もし、大気中にこれらの温室効果ガスが存在しなかったとすれば、地球の平均気温が零下十八度になって、ほとんどの生物が快適な生存を続けることは不可能になってしまう。逆に、大気中の温室効果ガスがもっと大量に存在していたとすれば、平均気温は現在よりはるかに高くなってしまう。生物が存在することが困難になる。たとえば、金星の場合、その大気中には二酸化炭素が、地球大気の約九〇倍含まれていて、その平均気温は四百七十度の高温に達する。鉛が熱水のように流れ、硫酸の雨が降り注ぎ、とても生物が存在しうる環境ではない。

温室効果ガスのうちでもっとも重要な役割を果たすのが二酸化炭素（CO_2）である。大気中の二酸化炭素は、産業革命の時代までは極めて安定的な水準に維持されていた。ほぼ六千億トンであって、二百八十ｐｐｍの濃度が保たれていた。しかし、産業革命以降の二百年ほどの間に、大気中の二酸化炭素は約二五％増えて、現在の七千五百億トン、三百五十ｐｐｍの濃度になっている。

産業革命は、科学、技術の急速な発展を契機として、規模の経済を最大限に利用する生産様式の普及という形で起こっていった。それは、石炭、石油などの化石燃料を大量に燃焼することによってはじめて可能となった。そのプロセスで、大量の二酸化炭素を大気中に排出することになったわけである。

産業革命以降の大気中の二酸化炭素の増加はさらに、森林、とくに熱帯雨林の消滅によって惹き起こされた。森林を構成する樹木は、光合成作用を通じて、二酸化炭素を太陽エネルギーによって分解して、澱粉と酸素をつくり出す。森林はいわば、大気中の二酸化炭素を効果的に吸収する装置であるといってよい。

しかし、産業革命を契機として工業化が急速に進むとともに、都市化もまたかつてないペースでおこなわれるようになった。その結果、大量の森林が伐採されてきた。とくに、第二次世界大戦後、発展途上国における経済発展が、工業化に偏っておこなわれ、それにともなう熱帯雨林の伐採が極めて大量におこなわれることになった。また、人口の増加が著しく、定住地のために森林が大量伐採され、住居、薪炭のためにもまた森林が伐採されてきた。またなによりも大きな要因は、先進工業諸国における材木に対する需要が、第二次世界大戦後の期間を通じて、異常に大きな水準に保たれつづけてきたことにある。また、対外経済援助の名のもとに、発展途上諸国の多くについて、熱帯雨林を大量に破壊して、環境破壊的な形で工業化が進められてきたこともあげなければならない。

二酸化炭素と温暖化

大気中の二酸化炭素は、温室効果ガスのうちもっとも重要な役割を果たすもので、温室効果の半分以上を占める。フロンガスは二十世紀に入ってから人工的につくり出されたもので、それまで地球上に存在しなかった化学物質である。冷蔵庫、エアー・クーラー、スプレーなどに用いられているが、温室効果だけでなく、オゾン層を破壊する。メタンは、動物の糞尿、水田、反芻動物、天然ガスの発掘などから発生する。水蒸気もまた温室効果を加速化する。一方、森林と海洋は、大気中の二酸化炭素を吸収し、地球温暖化を緩和する機能を果たす。

国連によって創設されたＩＰＣＣの報告によれば、地表大気平均気温は、過去百年間に、〇・三度ないし〇・六度上昇したと推計されている。もし、地球温暖化が現在のペースで進行するとすれば、二〇二〇年には、平均気温は現在より〇・三度上昇し、二十一世紀の終わりには二〜四度上昇すると予想されている。このように地球温暖化によって惹き起こされる気象の変化は大きい。

炭素税の考え方

地球温暖化は結局、石油、石炭などの化石燃料の大量消費と、森林、なかでも熱帯雨林の大量伐採とが、主な原因となっておこっている。

地球温暖化を何とか防いで、安定した自然環境を長い将来にわたって守ってゆくためには、どのような道があるのであろうか。社会的共通資本の理論からただちに導き出されるのは、炭素税、二酸化炭素税、もっと広くとれば環境税の考え方である。

炭素税は、さまざまな生産の活動にさいして、大気中に放出される二酸化炭素の排出に対して、そのなかに含まれている炭素の量に応じて、一トンいくらというかたちで、徴収するものである。

炭素税の大きさは一体どのようにして決められるのであろうか。大気中の二酸化炭素の量がふえると、将来の平均気温が高くなって、気候条件の変化を生み出し、自然環境を変え、人々の生活環境にさまざまなかたちで好ましくない影響をもたらす。この、地球温暖化によって惹き起こされるさまざまな被害によって、人々の生活の実質的な水準が低くなる。この被害は、大気中の二酸化炭素の濃度が高くなればなるほど、大きくなる。しかも、二酸化炭素は大気中に何十年という長い時間にわたって残留、ずっと遠い将来の地球環境に影響を及ぼし、将来の世代にまで、地球温暖化の被害をもたらす。

二酸化炭素の排出に対してかけられる炭素税の税率は、地球温暖化によって、将来の世代がこうむる被害の大きさを反映したものである。将来の世代が地球温暖化の影響をどのように評価するかについて、適当な前提条件をもうけることによって、炭素税の大きさについて推計することができる。

炭素税の制度を採用すれば、人々は、化石燃料の消費をできるだけ少なくするように努力する。また、都市をつくったり、新しい交通機関を設計するときにも、二酸化炭素の大気中への排出が少なくなるように配慮することになる。

炭素税の制度はまた、森林についても適用される。森林を伐採したときに、二酸化炭素の放出の増加に見合う炭素税をかける。同じように、森林を育てたときには、大気中への二酸化炭素の排出量の減少に応じて、補助金を出す。

比例的炭素税の考え方

炭素税の制度が、現実に実行可能な唯一の大気安定化政策である。しかし、経済学者、とくにアメリカの経済学者が提案している炭素税の制度は大きな欠陥をもっている。

大気中の二酸化炭素は、はやい速度で地球上を循環する。したがって、経済学者が普通提案する炭素税の制度は、大気中への二酸化炭素の排出が、どの国でなされていても、同じ率の炭素税をかける。たとえば、化石燃料を燃焼して、大気中に二酸化炭素を排出するとき、含有炭素一トン当たり百ドルの炭素税をかけるとする。化石燃料の燃焼が日本でおこなわれていても、アメリカでおこなわれていても、また、インドネシア、フィリピンでおこなわれていても、一律に一トン当たり百ドルの税が課せられることを意味する。日本の場合、温室効果ガスの排出量は、一人当たりの二酸化炭素に換算して、ほぼ二・五トンであるから、一人当たりの炭素税支払いは二百五十ドルである。日本の一人当たりの国民所得一万九千ドルのうち、二百五十ドルの炭素税支払いは、ほとんど意識されないであろう。アメリカの場合にも、一人当たりの国民所得一万七千ドルのうち、炭素税支払いは三百四十ドルで、これも無視できる額である。ところが、インドネシアでは、一人当たりの国民所得は四百ドルで、そのうち炭素税支払いは三十ドルとなる。フィリピンの場合も同様で、一人当たりの国民所得五百ドルのうち、炭素税支払いは六十ドルという高い割合を占めることになる。

一律の炭素税の制度は、国際的公正という観点から問題があるだけでなく、発展途上諸国の多くについて、経済発展の芽を摘んでしまう危険をもっている。炭素税の制度が提案されるとき、発展途上諸国がつよく反対するのは当然だといってもよい。

国際間だけでなく、世代間の公正という点を考慮にいれると、炭素税の制度はつぎのようなかたちをとることが望ましい。

大気中への二酸化炭素の排出に対してかけられる炭素税は、その国の一人当たりの国民所得に比例させるという制度である。たとえば、日本で含有炭素一トン当たり百九十ドルの炭素税をかけるとき、アメリカでは一トン当たり百七十ドルとなり、インドネシアでは四ドル、フィリピンでは五ドルとなる。インドネシアでは、一人当たりの国民所得四百ドルのうち、炭素税支払いは一・二ドル、フィリピンでは、一人当たりの国民所得五百ドルのうち、炭素税支払いは三ドルで済む。

大気安定化国際基金

炭素税率を、一人当たりの国民所得に比例させる比例的炭素税の制度は、地球大気の安定化に役立つだけでなく、先進工業諸国と発展途上諸国との間の不公平を緩和するという点で効果的である。

この制度のもとでは、化石燃料の消費に対して、排出される二酸化炭素の量に応じて炭素税がかけられると同時に、森林の育林に対しては、吸収される二酸化炭素の量に応じて補助金が交付される。

しかし、この三十年間、先進工業諸国と発展途上諸国の間の経済的格差は拡大する傾向をもち、南北問題はますます深刻化しつつある。もともと炭素税自体、発展途上諸国の経済発展をさまたげるものなので、比例的炭素税の制度をとっても、南北問題に対して有効な解決策とはならない。

地球大気の安定化をはかり、地球温暖化を効果的に防ぐとともに、先進工業諸国と発展途上諸国の間の経済的格差をなくすために、有効な役割を果たすことを期待して考え出されたのが、大気安定化国際基金の構想である。

大気安定化国際基金は、比例的炭素税の制度を使う。各国の政府は、比例的炭素税からの収入から育林に対する補助金を差し引いた額のある一定割合(たとえば五%)を大気安定化国際基金に供託する。

大気安定化国際基金は、各国の政府からの供託金をあつめて、発展途上諸国に配分する。その配分方法は、各発展途上国の人口、一人当たりの国民所得に応じて、ある一定のルールにしたがっておこなわれるものとする。

各発展途上国は、大気安定化国際基金から受け取った配分額を、熱帯雨林の保全、農村の維持、代替的なエネルギー資源の開発などという地球環境を守るために使うことを原則とする。しかし、大気安定化国際基金は、各発展途上国に対して、配分金の使い方について制約条件をもうけるべきではない。地球環境の保全は決して、先進工業諸国の立場から発言すべきではないからである。先進工業諸国のこれまでの経済発展、工業活動が、地球温暖化をはじめとして、地球環境の危険を招いたことを、私たちは心に止めておくことが大切だからである。

スウェーデンの温暖化対策

スウェーデンは、世界でもっとも自然の美しい国の一つである。何万という美しい湖沼と、それを囲むゆたかな森林に恵まれたスウェーデンはまた、環境保護の面でも、世界でもっとも進んだ国である。

スウェーデンの温暖化対策は、強制的手段によるのではなく、経済的な手段を用いたものであるが、その中心は炭素税である(スウェーデンでは、二酸化炭素税と呼ばれている)。スウェーデンは、一九九一年一月、炭素税の制度を導入した。これは世界で最初であった。しかも、その税率は高く、広い範囲にわたって課税された。

スウェーデンの炭素税は、二酸化炭素の排出に対して一トン当たり二百五十クローナ(四千円）、炭素含有量一トン当たり百五十ドル（一万五千円）という高い率であった。当時、アメリカの経済学者が考えていた炭素税は、炭素含有量一トン当たり十ドル（千円）とか二十ドル（二千円）に比べて、スウェーデンの炭素税がいかに高いかがわかると思う。

スウェーデンは同時に、各種燃料に対しても炭素税を導入した。たとえば、石炭一トン当たり六百二十クローナ（一万円）、ガソリンだと一リットル当たり〇・五八クローナ（九円）である。スウェーデンにつづいて、オランダ、ノルウェーなどごく少数の国々で炭素税の導入が決められたが、いずれの場合も、スウェーデンほど高率ではなく、またその範囲も限定されていた。炭素税の制度が、国際間の競争という観点からスウェーデンの産業に過重な負担をかけていることになり、一九九三年一月一日から、炭素税の制度に対して、多少の修正がなされた。

新しい炭素税の制度は、二酸化炭素の排出に対して、産業用については、一トン当たり八十クローナ（千二百八十円）に大幅に引き下げられたが、逆に民生用では、一トン当たり三百二十クローナ（五千百二十円）に引き上げられた。炭素含有量一トン当たり、産業用が四十八ドル（四千八百円）、民生用が百八十九ドル（一万八千九百円）となる。

各種燃料に対する炭素税も、産業用と民生用によって区別されることになった。石炭一トンに対して、産業用では二百クローナ（三千六百円）に引き下げられ、逆に民生用では、八百クローナ(一万二千八百円)に引き上げられた。ガソリンについては、産業用、民生用の区別なく一リットル当たり〇・七四クローナ(十二円)に引き上げられた。

スウェーデンでは、炭素税のほかにも、硫黄税、エネルギー税の制度が環境問題の解決を目指して実施されている。

スウェーデンではこのように、他の国々にさきがけて、炭素税の導入にふみきったが、それはどのようにして可能となったのであろうか。スウェーデンでの炭素税の制度が導入された過程をふりかえってみると、民主主義的な政治の理想像がえがかれている。

スウェーデンでの炭素税の制度は、じつはもっと広い税制改革の一環として導入された。一九九一年の炭素税導入に先立つこと三年、一九八八年、スウェーデンの国会の中に、税制改革のための委員会がつくられたが、環境税の導入はその一部だったのである。(ちなみに、スウェーデンは、日本やアメリカと異なって、国会に一院制をとっている。)

国会の中につくられた税制改革委員会は与党、野党を含めて、国会議員の人数に比例して、その構成メンバーが決められた。税制改革委員会は、その下に専門委員会をつくり、関係省庁の代表、専門家、一般市民の代表などを任命する。

専門委員会は、炭素税をはじめとして税制改革一般について、二年間にわたって調査・研究し、税制改革の原案を作成して、本委員会に提出した。本委員会ではさらに議論を重ねて、一年間かかって、税制改革案をつくり、国会に提出した。税制改革委員会の構成からわかるように、本委員会が出した税制改革案が国会で承認された。

スウェーデンでは、税制改革にかぎらず、国会で重要な法案を決めるときに、同じような手続きを経て審議される。一九九一年の炭素税の制度は、地球環境を保護するための政策として画期的な意味をもつが、その導入は、このようなスウェーデン国会の民主的でしかも理性的な手続きのもとではじめて実現できたといってよい。スウェーデン国会のあり方は、これまでくり返し強調してきたリベラリズムの思想が、実際の政治の基調となっていることを示している。

あとがき

以上の各章の主な内容は、私がこれまで発表してきた、つぎの書物、あるいは論文に加筆、訂正したものである。これらの論文からほとんど原文のまま引用した箇所が何ヵ所かあることをお断りしたい。

「社会的共通資本の理論的分析」(『経済学論集』一九七二年)
「経済理論の再検討を迫る環境問題」(季刊『現代経済』一九七二年)
「シビル・ミニマムの経済理論」(講座「現代都市政策」第V巻、一九七三年四月、岩波書店)
「社会的共通資本の概念」(講座「現代都市政策」第VII巻、一九七三年六月、岩波書店)
『自動車の社会的費用』(岩波新書、一九七四年)
「市場経済の危機と市民的自由」(『世界』一九七四年)
「ケインズと新古典派」(季刊『現代経済』一九七五年)

「社会的共通資本とは何か」（宇沢・高木編『市場・公共・人間――社会的共通資本の政治経済学』第一書林、一九九二年）

『二十世紀を超えて』（岩波書店、一九九三年）

『金融システムの経済学――社会的共通資本の立場から』（宇沢・花崎編、東京大学出版会、二〇〇〇年）

Uzawa, H. (1972). "The Transition to a Welfare Economy in Japan," in *Prologue to the Future: The United States and Japan in the Post-Industrial Age*, edited by J. W. Morley, Lexington Books, 49-60.

_____. (1974). "Sur la théorie économique du capital collectif social," *Cahiers du Séminaires d'Économétrie*, 103-22. Translated in *Preference, Production, and Capital: Selected Papers of Hirofumi Uzawa*, New York and Cambridge: Cambridge University Press, 1988, 340-62.

_____. (1974). "Optimum Investment in Social Overhead Capital", in *Economic Analysis of Environmental Problems*, edited by E. S. Mills, National Bureau of Economic Research, 9-26.

______. (1974). "The Optimum Management or Social Overhead Capital," in *The Management of Water Quality and the Environment*, edited by J. Rothenberg and I. G. Heggie, London: Macmillan, 3-17.

______. (1982). "Social Stability and Collective Public Consumption," in *The Grant Economy and Public Consumption*, edited by R. C. O. Matthews and G. B. Stafford, London: Macmillan, 1984, 23-37.

宇沢弘文

1928-2014年
1951年東京大学理学部数学科卒業
専攻－経済学
著書－『自動車の社会的費用』『近代経済学の再検討』『経済学の考え方』『「成田」とは何か──戦後日本の悲劇』『地球温暖化を考える』『日本の教育を考える』(以上，岩波新書)
『ケインズ「一般理論」を読む』『近代経済学の転換』『現代経済学への反省──対談集』『現代日本経済批判』『公共経済学を求めて』『「豊かな社会」の貧しさ』『経済解析──基礎篇』『二十世紀を超えて』『地球温暖化の経済学』『宇沢弘文著作集──新しい経済学を求めて』(全12巻)『ゆたかな国をつくる』(以上，岩波書店) ほか
訳書－『ロビンソン現代経済学』
ボウルズ＝ギンタス『アメリカ資本主義と学校教育』(I・II)(以上，岩波書店)

社会的共通資本　岩波新書(新赤版)696

2000年11月20日　第1刷発行
2024年1月15日　第34刷発行

著　者　宇沢弘文《うざわひろふみ》

発行者　坂本政謙

発行所　株式会社 岩波書店
〒101-8002 東京都千代田区一ツ橋2-5-5
案内 03-5210-4000　営業部 03-5210-4111
https://www.iwanami.co.jp/

新書編集部 03-5210-4054
https://www.iwanami.co.jp/sin/

印刷製本・法令印刷　カバー・半七印刷

© 宇沢国際学館 2000
ISBN 978-4-00-430696-2　Printed in Japan

岩波新書新赤版一〇〇〇点に際して

ひとつの時代が終わったと言われて久しい。だが、その先にいかなる時代を展望するのか、私たちはその輪郭すら描きえていない。二〇世紀から持ち越した課題の多くは、未だ解決の緒を見つけることのできないままであり、二一世紀が新たに招きよせた問題も少なくない。グローバル資本主義の浸透、憎悪の連鎖、暴力の応酬――世界は混沌として深い不安の只中にある。

現代社会においては変化が常態となり、速さと新しさに絶対的な価値が与えられた。消費社会の深化と情報技術の革命は、種々の境界を無くし、人々の生活やコミュニケーションの様式を根底から変容させてきた。ライフスタイルは多様化し、一面では個人の生き方をそれぞれが選びとる時代が始まっている。同時に、新たな格差が生まれ、様々な次元での亀裂や分断が深まっている。社会や歴史に対する意識が揺らぎ、普遍的な理念に対する根本的な懐疑や、現実を変えることへの無力感がひそかに根を張りつつある。そして生きることに誰もが困難を覚える時代が到来している。

しかし、日常生活のそれぞれの場で、自由と民主主義を獲得し実践することを通じて、私たち自身がそうした閉塞を乗り超え、希望の時代の幕開けを告げてゆくことは不可能ではあるまい。そのために、いま求められていること――それは、個と個の間で開かれた対話を積み重ねながら、人間らしく生きることの条件について一人ひとりが粘り強く思考することではないか。その営みの糧となるものが、教養に外ならないと私たちは考える。歴史とは何か、よく生きるとはいかなることか、世界そして人間はどこへ向かうべきなのか――こうした根源的な問いとの格闘が、文化と知の厚みを作り出し、個人と社会を支える基盤としての教養となった。まさにそのような教養への道案内こそ、岩波新書が創刊以来、追求してきたことである。

岩波新書は、日中戦争下の一九三八年一一月に赤版として創刊された。創刊の辞は、道義の精神に則らない日本の行動を憂慮し、批判的精神と良心的行動の欠如を戒めつつ、現代人の現代的教養を刊行の目的とする、と謳っている。以後、青版、黄版、新赤版と装いを改めながら、合計二五〇〇点余りを世に問うてきた。そして、いままた新赤版が一〇〇〇点を迎えたのを機に、人間の理性と良心への信頼を再確認し、それに裏打ちされた文化を培っていく決意を込めて、新しい装丁のもとに再出発したいと思う。一冊一冊から吹き出す新風が一人でも多くの読者の許に届くこと、そして希望ある時代への想像力を豊かにかき立てることを切に願う。

（二〇〇六年四月）

岩波新書より

経済

新・金融政策入門　湯本雅士
アフター・アベノミクス　軽部謙介
応援消費　水越康介
人の心に働きかける経済政策　翁邦雄
金融サービスの未来　新保恵志
日本経済図説〔第五版〕　宮崎勇・本庄真・田谷禎三
好循環のまちづくり！　枝廣淳子
グローバル・タックス　諸富徹
世界経済図説〔第四版〕　宮崎勇・田谷禎三
日本経済30年史　バブルからアベノミクスまで　山家悠紀夫
行動経済学の使い方　大竹文雄
日本のマクロ経済政策　熊倉正修
ゲーム理論入門の入門　鎌田雄一郎
平成経済 衰退の本質　金子勝
幸福の増税論　井手英策

日本の税金〔第3版〕　三木義一
戦争体験と経営者　立石泰則
金融政策に未来はあるか　岩村充
データサイエンス入門　竹村彰通
経済数学入門の入門　田中久稔
地元経済を創りなおす　枝廣淳子
会計学の誕生◆　渡邉泉
偽りの経済政策　服部茂幸
ミクロ経済学入門の入門　坂井豊貴
経済学のすすめ　佐和隆光
ガルブレイス　伊東光晴
ユーロ危機とギリシャ反乱　田中素香
ポスト資本主義　科学・人間・社会の未来　広井良典
日本の納税者◆　三木義一
タックス・イーター　志賀櫻
コーポレート・ガバナンス◆　花崎正晴
グローバル経済史入門　杉山伸也
アベノミクスの終焉◆　服部茂幸
新・世界経済入門　西川潤

金融政策入門◆　湯本雅士
新自由主義の帰結◆　服部茂幸
タックス・ヘイブン　志賀櫻
WTO　貿易自由化を超えて◆　中川淳司
日本財政 転換の指針◆　井手英策
成熟社会の経済学　小野善康
平成不況の本質　大瀧雅之
原発のコスト◆　大島堅一
次世代インターネットの経済学　依田高典
ユーロ　危機の中の統一通貨　田中素香
「分かち合い」の経済学　神野直彦
グリーン資本主義　佐和隆光
国際金融入門〔新版〕　岩田規久男
ビジネス・インサイト◆　石井淳蔵
金融商品とどうつき合うか　新保恵志
地域再生の条件　本間義人
経済データの読み方〔新版〕　鈴木正俊

(2023.7)　◆は品切，電子書籍版あり．(C1)

岩波新書より

格差社会 何が問題なのか　橘木俊詔
環境再生と日本経済　三橋規宏
経営者の条件　大沢武志
人間回復の経済学◆　神野直彦
社会的共通資本　宇沢弘文
景気と国際金融　小野善康
ブランド 価値の創造◆　石井淳蔵
日本の経済格差　橘木俊詔
景気と経済政策　小野善康
戦後の日本経済　橋本寿朗
共生の大地 新しい経済がはじまる　内橋克人
シュンペーター　伊東光晴・根井雅弘
経済学の考え方　宇沢弘文
経済学とは何だろうか　佐和隆光
イギリスと日本◆　森嶋通夫
近代経済学の再検討　宇沢弘文
ケインズ　伊東光晴
アダム・スミス　高島善哉
資本論の世界　内田義彦

資本論入門◆　向坂逸郎
マルクス・エンゲルス小伝◆　大内兵衛
経済を見る眼　都留重人

(2023.7)　◆は品切，電子書籍版あり．(C2)

法律

岩波新書/最新刊から

1993 **親密な手紙** 大江健三郎 著

渡辺一夫をはじめ、サイード、井上ひさし、武満徹、オーデンなどを思い出とともに語る魅力的な読書案内。『図書』好評連載。

1994 **社会学の新地平** —ウェーバーからルーマンへ— 佐藤俊樹 著

マックス・ウェーバーとニクラス・ルーマン——産業社会の謎に挑んだふたりの社会学の巨人。彼らが遺した知的遺産を読み解く。

1995 **日本の建築** 隈研吾 著

都市から自然へ、集中から分散へ。モダニズム建築とは異なる道を歩み、西欧の建築に影響を与え続けた日本建築の挑戦を読み解く。

1996 **文学が裁く戦争** —東京裁判から現代へ— 金ヨンロン 著

一九四〇年代後半から現在まで、戦争裁判をテーマとした主要な作品を取り上げて、戦争を裁き直そうとした文学の流れを描く。

1997 **ドキュメント 異次元緩和** —10年間の全記録— 西野智彦 著

あのとき何が起きていたのか。当局者たちの知られざる水面下の動きを仔細に再現、黒田日銀による異例ずくめの政策を総括する。

1998 **文化財の未来図** —〈ものつくり文化〉をつなぐ— 村上隆 著

水や空気のように、私たちに欠かせない文化財。それらを守り、学び、つなげて、真の「文化の国」をめざすために必要なこととは。

1999 **豆腐の文化史** 原田信男 著

昔から広く日本で愛されてきた不思議な白い食べ物の魅力を歴史的・文化的に描く。食文化史研究の第一人者による渾身の書下ろし。

2000 **耳は悩んでいる** 小島博己 編

加齢による聞こえ方の変化、幅広い世代に増えている難聴。耳の構造、病気、予防を解説し、認知症との関連など最新の知見も紹介。

(2024.1)